大学生创新创业理论与指导

梁文冒　主编

哈尔滨出版社

图书在版编目(CIP)数据

大学生创新创业理论与指导/梁文冒主编. -- 哈尔滨：哈尔滨出版社, 2022.1 (2024.4重印)
ISBN 978-7-5484-6900-1

Ⅰ. ①大… Ⅱ. ①梁… Ⅲ. ①大学生-创业-研究 Ⅳ. ①G647.38

中国版本图书馆 CIP 数据核字(2022)第 216608 号

书　　名：大学生创新创业理论与指导
作　　者：梁文冒
责任编辑：刘　丹
封面设计：书海之舟
出版发行：哈尔滨出版社(Harbin Publishing House)
社　　址：哈尔滨市香坊区泰山路82-9号　　邮编：150090
经　　销：全国新华书店
印　　刷：北京四海锦诚印刷技术有限公司
网　　址：www.hrbcbs.com　　www.mifengniao.com
E-mail：hrbcbs@yeah.net
编辑版权热线：(0451)87900271　87900272
开　　本：787×109(毫米)　1/16　印张：11.5　字数：212千字
版　　次：2022年11月第1版
印　　次：2024年4月第2次印刷
书　　号：ISBN 978-7-5484-6900-1
定　　价：78.00元
凡购本社图书发现印装错误，请与本社印制部联系调换。　服务热线：(0451)87900279

前　言

高校的创新创业教育是我国创新驱动发展战略的重要组成部分，也是当前高等教育改革的重要议题。培养具有创新创业能力的大学生群体是高等教育对国家宏观经济转型强有力的人才支持途径。近年来，我国高校将创新创业人才的培育纳入学科体系，取得了一定的成果，不仅缓解了一部分大学生的就业压力，也在一定程度上促进了我国经济的发展。分析影响培养大学生创新创业人才的因素，并找到切实有效的办法解决相关问题，对高校创新创业人才培育课程具有重要意义。

创新创业对于大学生来说，是一种能力。它需要培养，具有时代性、民族性、阶段性、发展性的特征。因此，我们在研究大学生创新创业能力培养的相关课题时，就要结合时代背景，用发展的眼光去看待这个课题。高校对于大学生创新创业能力的培养，最直接的体现就是创新创业指导课程的建立。同时，高校要用创新创业指导课程这一载体培养大学生创新创业的意识和品质，对构成大学生创新创业能力的要素以及影响因素进行细致的剖析。

作为一本针对地方性城市型、应用型大学学生的创新创业教育专著，本书突出了"知识启蒙与实操训练相结合"的特点。它旨在树立和更新大学生的创业理念，培养大学生的创新创业意识和企业家精神，通过创业知识的学习和实践技能训练，激发大学生的创业激情，帮助其提高企业管理知识水平、科学选择创业项目、准确了解和分析市场信息，以及撰写创业计划书等方面的能力。

本书重视知识结构的系统性和先进性。在撰写上突出以下特点：第一，内容丰富、详尽、系统、科学；第二，实践操作与理论探讨齐头并进，结构严谨，条理清晰，层次分明，重点突出，通俗易懂，具有较强的科学性、系统性和指导性。本书适用于零起点的本科生"创新创业"课程教学和训练，对新创业者或有创业意向的社会人员，本书也能够从基本知识、方法和实操技巧等方面为其提供较高价值的参考。

在本书的策划和撰写过程中，曾参阅了国内外有关的大量文献和资料，从中得到启示；同时也得到了有关领导、同事、朋友及学生的大力支持与帮助。在此致以衷心的感谢！本书的选材和撰写还有一些不尽如人意的地方，加上作者学识水平和时间所限，书中难免存在缺点和谬误，敬请同行专家及读者指正，以便进一步完善和提高。

2018年广西高校大学生思想政治教育理论与实践研究项目："三月三"节日文化融入高校思想政治教育研究（项目编号：2018LSZ022）；2021年南宁职业技术学院高层次人才项目：当代大学生马克思主义信仰及教育研究（项目编号：2021GCC09）

梁文冒　主　编

南宁职业技术学院

目录 contents

第一章 大学生创新创业教育基本理论 ... 001
- 第一节　大学生创新创业教育概念界定 ... 001
- 第二节　大学生创新创业教育的特质和功能 ... 004
- 第三节　大学生创新创业教育的性质与任务 ... 007
- 第四节　大学生创新与创业教育的内在机制 ... 014

第二章 大学生创新创业能力培养 ... 035
- 第一节　创新创业能力基础理论 ... 035
- 第二节　大学生创新创业能力培养模式 ... 042
- 第三节　大学生创新创业能力培养途径 ... 045
- 第四节　大学生创新创业资源的整合 ... 060

第三章 大学生创业指导 ... 073
- 第一节　创业的方向选择与项目实施 ... 073
- 第二节　大学生创业的基本流程 ... 083
- 第三节　创业计划书 ... 089
- 第四节　创业实务知识 ... 094

第四章 创新创业背景下人才培养模式 ... 105
- 第一节　创新创业背景下人才培养模式的构建 ... 105
- 第二节　创新创业背景下人才培养模式课程体系的构建 ... 115
- 第三节　创新创业背景下人才培养模式实践体系的构建 ... 134

第五章 大学生创新创业教育实践 ... 143
第一节 加强校园文化建设，促进学生创新创业素质发展 . 143
第二节 大学生创新创业教育品牌活动的实践与长效机制 . 146
第三节 应用型大学深化创新创业教育改革的措施探析 ... 150
第四节 加强大学生艰苦创业精神的教育 ... 156
第五节 提升教师队伍的素质 ... 165

参考文献 ... 171

第一章 大学生创新创业教育基本理论

第一节 大学生创新创业教育概念界定

一、创新教育

目前关于创新教育的定义约有百种以上，大致可以分为以下两类：一类是把创新教育定义为，以培养创新意识、创新精神、创新思维、创造力或创新人格等创新素质以及创新人才为目的的教育活动；另一类则把创新教育定义为，是相对于接受教育、守成教育或传统教育而言的一种新型教育。实际上，对创新教育的定义既要考虑创新教育的历史和已经形成的规约，还要考虑创新教育已有的升华和将来的发展。所以，从广义上讲，创新教育就是为了能够使人创新而进行的教育。凡是以培养人的创新素质、提高人的创新能力为主要目的的教育都可称之为创新教育。对于学校来说，创新教育就是培养学生再次发现的探索能力、重组知识的综合能力、应用知识解决问题的实践能力和激发他们的创造能力的一系列教育活动。

高校作为培养创新精神和创新人才的摇篮，必须使学生敢于思考、善于思考，在学习过程中注重自己的思维过程，而不只是被动地接受前人的思维结果。高校还应该成为培养具有学习能力和创新能力人才的重要摇篮。创新能力是各种技能在进行创新活动中的综合表现，主要包括观察能力、思维能力、表达能力、动手能力、写作能力等，它既是人的认识能力和实践能力的有机完美结合的体现，又是人自身的创造智力和创造品质的有机完美结合的体现。

二、素质教育

素质的含义有狭义和广义之分。狭义的素质概念是生理学和心理学意义上的素质概念，即"遗传素质"。《辞海》写道：素质是指人或事物在某些方面的本来特点和原有基础。在心理学上，指人的先天的解剖生理特点，主要是感觉器官和神经系统方面的特点，是人的心理发展的生理条件，但不能决定人的心理内容和发展水平。这是关于狭义素质的典型解释。广义的素质指的是教育学意义上的素质概念，即"人在先天生理的基础上，在后天通过环境影响和教育训练所获得的、内在的、相对稳定的、长期发挥作用的身心特征及其基本品质结构，通常又称为素养。主要包括人的道德素质、智力素质、身体素质、审美素质、劳动技能素质等"。由此可知，素质教育中的素质，指的应是广义的素质。

高等教育是培养专门人才的专业教育。在高等教育领域倡导素质教育的思想，不是要求以一种教育代替另一种教育，即不是以素质教育取代专业教育，或者说，不是将素质教育与专业教育相对立。因而，从素质教育的思想观念出发，高等教育应是更加注重人才素质提高的专业教育，应将素质教育的思想渗透到专业教育和创新创业教育之中，贯穿于人才培养的全过程。从素质教育的观念来看，高质量的人才应是知识、能力、素质的高度和谐和完美的统一。从人才培养的角度而言，传授知识、培养能力往往只能解决如何做事的问题，而提高素质则能更多地解决如何做人的问题。应将做事与做人有机地结合起来，既要使学生学会做事，又要使学生学会做人，这样的教育才是理想的教育。因此，高等学校人才培养的目标应当是培养基础扎实、知识面宽广、能力强、素质高的专门人才，这与党的德智体美全面发展的教育方针是完全一致的。

三、创业

"创业"一词在我国可以追溯到千年以前，含义诸多。上海辞书出版社出版的《辞海》将其界定为："创业，创立基业。"这里的"创业"是广义的"事业的基础、根基"，既可以理解为"帝王之业、霸王之业"，也可以理解为百姓的家业和家产。创，颜师古注："创，始造之也。"《孟子·梁惠王下》有："君

子创业垂统，为可继也。"诸葛亮的《出师表》中曰："先帝创业未半，而中道崩殂。"这里的"创业"即指开拓、草创新的业绩，恰好与"守成"相对应，"守成"是指保持前人已有的成就和业绩。

从"创业"这个概念的汉语使用法来看，一般用于以下三种状况：一是强调开端和草创的艰辛和困难；二是突出过程的开拓和创新意义；三是侧重于在前人的基础上有新的成就和贡献。而对"业"的范围没有什么限制。这样，各种主体、各行各业都可以在最一般的、普遍的意义上使用这个概念。

而"创业"一词在英文中主要有两种表述方式：一种是"venture"；另一种是"entrepreneurship"。"venture"一词的最初意义是"冒险"，但在企业创业领域，它的实际意义并不仅仅是单纯的"冒险"，在20世纪创业活动蓬勃兴起以后，还被赋予了"冒险创建企业"，即"创业"这一新的特定内涵，主要用于表示动词。

尽管"创业"一词很早就出现在文献中，但至今对创业的定义，学术界并未能达成共识。从我国学者的研究看，将创业的概念分为三个层次：狭义的创业、次广义的创业和广义的创业。狭义的创业概念为"创建一个新企业的过程"。次广义的创业概念是"通过企业创造事业的过程"，包括两个层次的内容，即创建新企业和企业内部创业。广义的创业概念为"创造新的事业的过程"，即所有创造新的事业的过程都是创业，既包括营利性组织，也包括非营利性组织；既包括官方设置的部门和机构，也不排斥非政府组织；既包括大型的事业，也包括小规模的事业甚至"家业"。

四、创新创业教育

创新创业教育是以培养创新精神和创造能力为基本价值取向，以培养创造性人才为主要目标的教育。它是素质教育的延伸，是全面发展学生智慧品质的教育，是全面发展学生个性品质的教育，是更加注重人的主体精神、以人为本的教育。

创新创业教育包括两个方面的内容：求职和创造新岗位。高等教育应着重培养创业技能与主动精神，毕业生不再仅仅是求职者，他们应当先成为工作岗

位的创造者。

第二节 大学生创新创业教育的特质和功能

创新创业教育是在创新型国家注重人性化发展的教育体系建设中呈现出来的新的教育特质，是对传统教育内容的新拓展。

一、创业教育与创新教育、素质教育的关系

高等院校开展创新创业教育，实际上是对学生进行素质教育和创新教育的一个有机组成部分，是素质教育和创新教育的深入和具体化。教育的质量和效益，集中体现在全面提高学生的素质上。因此，高等院校实施创新教育和创新创业教育的目的是促进学生全面发展和整体素质的提高。

创业所涵盖的基本素质是学生综合素质中最重要的素质，或者说创新创业教育是素质教育最重要的部分和落脚点。高等院校对学生进行素质教育的目的，就是要使学生既学会做事，又学会做人，这样的学生才具备了创业的基本素质，才有可能在今后各种不同类型的行业和岗位上开创出一番事业。

（一）创新创业教育与创新教育的目标取向一致，内容本质相同

培养创新精神和创业能力是实施素质教育的重点。当前，高校所培养的人才只有具备创新精神，才能符合21世纪知识经济时代发展所需的人才规格；只有具备了创业能力，才能适应科技成果转化为生产力的过程越来越快、知识和经济结合越来越紧密的社会发展趋势。因而，培养创新精神和创业能力是实施素质教育的应有之义。从一定程度上说，创业能力的强弱，反映了一个人的创新精神和实践能力的强弱，因此，创新教育与创新创业教育在人才培养目标上是高度一致的。

创业和创新是当代青年的历史使命。创新精神是个体从事创新活动所需的基本心理状态，主要包括创新意识、创新思维、创新技能和创新品质四个方面。创业是提高社会生产力水平的需要，是缓解社会巨大就业压力的需要，是培养

适应社会主义市场经济发展要求的高素质人才的需要。加强对教师和学生的创新创业教育，积极采取措施鼓励自主创业。创新创业教育主要包括创业意识、创业精神、创业品质、创业能力四个方面的培养。从创新创业教育和创新教育四个方面的比较中，可以看出，创新教育与创新创业教育内容相互融合，相辅相成。创新是创业的基础，而创新教育的成效，则可以通过所培养的人才在未来的创业实践中的表现来检验；创业是创新的载体和表现形式，其成败与创新创业教育的实施效果有密切关系。创新教育注重的是对人的发展的总体把握，而创新创业教育注重的是实现人的自我价值，二者相互促进又相互制约，是密不可分的辩证统一体。

创新教育不仅变革教育方法和教育内容，还重新定位了教育功能，是对教育的全面革新和发展，它高度重视学生思维训练中的独创性，重视对学生创新精神的培养，努力塑造智商情商和谐共融的、完美健全的理想化人格，使其最终成为能够征服自然、改造世界的人。创新创业教育的功能是培养人的终身可持续发展能力，使教育更加适应社会经济发展的需要，使人的个性和才能充分发展，自我价值得到充分实现。创新创业教育的本质与创新教育所强调的创新精神和实践能力的培养的本质是相同的。

（二）创新创业教育是素质教育和创新教育的提升和深化

创业需要综合素质高的人才。因此，创新创业教育是建立在素质教育基础上的新型人才培养模式。同时，创业又是一种创新，创业既要懂专业知识，又要了解市场需求，并且具有良好的组织管理能力和创新能力。因此，创新创业教育在某种程度上是创新教育的具体表现。由此可见，素质教育的目标之一和重点是创新精神和创业能力的培养，创新创业教育是素质教育和创新教育的深入和具体化，它可以贯彻于素质教育、创新教育之中，三者之间存在着本质的、必然的联系。

二、创新创业教育与普通教育、职业教育之间的关系

创新创业教育作为一种新的教育理念，与普通教育和职业教育之间既相互渗透又相对独立。

（一）创新创业教育是教育体系的有机组成部分

普通教育主要致力于培养德智体美全面发展的、有社会主义觉悟的、有文化的劳动者，具有独立功能和价值，是社会主义教育事业的主要组成部分；职业教育主要是培养职业技能和素质，为社会经济发展提供专门人才，也具有独立的功能和价值，也是社会主义教育事业的有机组成部分；创新创业教育是在普通教育和职业教育的基础上，培养学生的创业素质和本领，为社会发展提供具有开拓精神、创新意识、创业能力的社会财富和就业岗位的创造者，同样也具有独立的功能和价值。

（二）创新创业教育是普通教育和职业教育所无法代替的

创新创业教育作为一种新的教育体系，有其独特的教育思想、观念和理论，并形成了相应的教育目标、教育内容、教育方式，使创新创业教育形成了不同于普通教育、职业教育的独立而完整的教育体系。这种教育体系是普通教育和职业教育所无法代替的。尽管普通教育和职业教育中也包含有某些创新创业教育的因素，但这种因素的存在是客观的、不可避免的，处于零散、间断、偶然状态，其教育目标指向模糊，缺少周密计划和系统安排。

（三）普通教育和职业教育是开展创新创业教育的基础

创新创业教育是在普通教育和职业教育基础上进行的，普通教育为学生提供的一般知识结构、一般智力和能力，是创新创业教育所要求培养的创业知识结构和创业能力、技能形成的基础；普通教育塑造了学生的良好个性品质和思想道德规范，是创新创业教育所要求培养的开创个性、开拓精神、社会责任感和义务感的基础。同样，职业教育为学生所提供的职业知识、职业技能、职业规范等也是进一步进行创新创业教育的基本条件和发展背景。总之，创新创业教育不能脱离普通教育和职业教育为学生提供的一般发展水平而单独进行。

（四）创新创业教育可以渗透在普通教育和职业教育中实施

在普通教育和职业教育基础上进行创新创业教育，并不意味着一定要在接受完普通教育或职业教育以后，再进行创新创业教育，而是可以将创新创业教

育渗透在普通教育和职业教育之中，逐步实施。创新创业教育的目标和内容有逐步递进、逐级上升的层级体系，可以适应不同年龄段和不同教育阶段学生的要求，完全可以结合和渗透在普通教育和职业教育的内容与方式中。

创新创业教育采取渗透的方式进行，完全符合教育发展、改革的趋势和走向，反而能够推动普通教育和职业教育的改革，使普通教育和职业教育的各个方面都能出现适应未来挑战、符合时代精神的变革和创新。

三、创新创业教育的实质

理论界对创新创业教育的实质有不同理解，很多专家学者提出了不同的观点。所谓创新创业教育，就是一种培养和提高人的生存能力的教育，是在失业问题日益严峻的社会经济背景下，人们对传统就业教育内涵的拓展与功能的延伸。

第三节 大学生创新创业教育的性质与任务

一、大学创新创业教育的性质

（一）大学创新创业教育是大学的本质特性

美国人本主义心理学家马斯洛（Maslow）认为，人的创新潜能，如果不经过挖掘和发展，就会丧失，或被掩盖，或被歪曲，或被抑制，或受到任何可能的阻碍。人的创新潜能之所以能在后天的环境和教育的作用下转化为现实的能力，这是由人的本性决定的。捷克著名的教育家夸美纽斯（Comenius）曾说：有人说，人是一个"可教的动物"，这是一个不坏的定义。实际上，只有受过恰当教育之后，人才能成为一个人。如果说生产实践是在塑造人的物质世界，那么教育活动则是在塑造人的精神世界。康德（Kant）宣称：人只有靠教育才能成人；除了教育从他身上所造就出的东西外，他什么也不是。这说明，"受教育性"是人所固有的本质属性，人的身心发展，只有在后天的环境和教育的影响下才能实现。现代心理学和教育的研究表明：在影响到人的身心发展的诸

多因素中，遗传是人的身心发展的物质前提，提供了人的发展的可能性，而教育则在人的发展中起主导作用。

创新是人类的最高本性。德国人类学家兰德曼（Landmann）认为：人必须自我完成，必须自主决定进入某种特殊的事物，必须凭借自身努力力图解决自身出现的问题。人不仅可能而且必须是创造性的。创造性并非只限定于少数人的少数活动，而是必然根源于人类存在的结构。德国哲学家卡西尔（Cassirer）也把创新作为我们人类世界与自然界的天然分界线的"标示"。人具有极大的可塑性，善于通过生活、活动、实践获取经验与知识发展自己，进行创新。人作为活动的、实践的存在物，永远是一种未完成的存在物，它不会停留在某种已经变成的东西上，不会满足于某种已经获得的规定性。人总是通过自己的实践再生产、再创造自己的新的存在状况，正如马克思（Marx）所说，人通过实践创造对象世界，即改造无机界，人证明自己是有意识的类存在物。

创新性是人的本质属性，人与动物的本质区别就在于人能充分利用已有的条件，创造出新的产品，因此，从某种意义上来说，人的价值就在于对社会所做创新性贡献的大小。人类历史是一部创新的历史，通过创新，人类社会得以前进和发展；通过创新，人类不断改造着外部环境，同时也改造着人类自身，因此，人的创新能力也就不断得到发展。没有生产工具的创新和发明，人类就不可能从猿转变成人；没有冶铁技术和耕作技术的创新，人类就不可能进入农业经济时代；没有蒸汽机的发明和创新，人类也不可能进入工业经济时代。同样，没有计算机的发明，信息产业的发展，人类也就不可能进入信息时代。因此，创新是人的本质的充分体现。

（二）大学创新创业教育是大学创新本质的复归

创新原本就是人的本质属性，创新原本就是教育的内在特质，创新原本就是大学的本质体现。正如当代史学家约翰·西奥多·梅尔茨（John Theodore melz）在《19世纪欧洲科学思想史》中所说：大学制度一言以蔽之，不仅传授知识，而且首要的是从事研究。此乃其引以为豪和获得名望的根基。

在知识经济条件下，在信息时代，探讨创新创业教育，研究大学创新创业教育，实际上是使教育复归其本质的一种努力。

人的最高的价值能体现人的自由精神和独立精神。只有人的精神自由了，人的创新灵魂才可以突破陈腐偏见的束缚，创新思维才可以纵横驰骋。独立精神与自由精神联系密切而内涵又有所不同。独立精神包括独立人格、独立思考、独立判断等，其中最基本的是独立人格。什么是独立人格呢？就是先贤们所说的君子党而不群。贫贱不能移，富贵不能淫，威武不能屈。三军可以夺帅，匹夫不可夺志的精神。唯有自由的精神、独立的精神，创新才会是主动的而不是被动的，是独立的而不是有所依赖的，不是政治的工具，不是文明的粉饰，不会为经济所左右，是真正的人类理智的表现，才能真正履行服务人类社会、推动人类社会发展进步的神圣使命。

创新是坚持不懈地开拓科学这个无止境的疆域，取得开拓性的成果，改造社会，推动社会的进步。然而，任何创造性活动都离不开科学理性的指导。培养创新精神，首先，要培养尊重事实、尊重真理、尊重客观规律、为真理而献身的科学精神；其次，要培养以真理为唯一标准的价值观，以及在此基础上所形成的追求真理、批判错误、纠正错误的批判精神。

大学创新创业教育的实质是人的自由精神和独立精神的体现，就是崇尚实践，尊重事实，不迷信权威，勇于探索真理，敢于大胆创新，不消极顺应时代，而是以理性和智慧剖析社会，批判社会，构建社会。

二、大学创新创业教育的任务

（一）推崇大学创新理念

大学理念是指人们在对教育规律的认识的基础上所形成的关于大学的性质、职能、精神、使命、目的、功能与价值、大学与社会的关系等一系列大学基本问题的理性认识。其核心是回答大学"是什么"和"做什么"，它对大学的发展具有定向作用。历史上出现的各种形态的大学，都是不同的大学理念作用于实践的产物。正如德国学者赫尔曼·勒尔斯（Herman leles）所说：大学独立自治、学术自由、教学和科研相结合以及支持它们的通才教育，这一切都是经典的大学观念，至今仍是持不同学术立场的学者所能接受和理解的理想、完美的观念。

（二）探索创新人才培养模式

人才培养模式是指在一定教育思想和教育理论的指导下，由人才培养目标、教育制度、培养方案、过程诸要素构成的相对稳定的教育教学过程与运行机制的总称。简言之，人才培养模式就是人才的培养目标、培养规格和基本培养方式的合成系统，通过构成要素的优化组合可以构建出多种不同的培养模式。

1. 实践教学模式

（1）实践教学的依据

实践教学是相对于理论教学而言的，理论教学以传授间接经验为主，实践教学则强调直接经验的获得，间接经验的学习是教育的重要特征，但直接经验在培养学生动作技能和动手操作能力等方面具有不可忽视的作用，这就类似于要学会游泳就必须得亲自下水。早在春秋时期，墨子就提出了著名的"三表法"，即"有本""有原""有用"，而"有本"是第一表，认识与研究万事万物必须"有本之者"，就是说判断事物或论说必须论证有据；"有原"是第二表，认识与研究万事万物必须"有原之者"，就是说判断事物仅凭前人的间接经验是不够的，还必须有在考察广大群众的过程中耳目所接触的直接经验；"有用"是第三表，认识事物必须"有用之者"，就是说，只凭间接经验和直接经验来判断事物或论说仍然是不够的，还必须把它同国家与人民的利益联系起来加以考察，看它是否有实际效用，能否解决实际问题。这一思想对实践教学具有很大的指导意义。

（2）实践教学对职业能力的影响

首先，实践教学是形成正确职业倾向的重要手段，职业倾向包括操作技能倾向、科学研究倾向、社会公关倾向、常规事务倾向、企业经营倾向、艺术表演倾向。这些倾向只有在实践教学和实践体验中才能形成。其次，实践教学可以培养学生的职业能力，而职业能力包括生理能力、心理能力和技能，是职业发展的重要基础。学生在解决问题的实践过程中体验了身体素质的重要性，磨炼了心理品质，掌握了一定的操作技能。通过实践教学才能把理论知识转化为企业岗位需要的职业能力。最后，实践教学是大学生了解社会、经济环境和企业的重要途径。实践教学的好坏直接影响大学生对社会、经济环境的了解，影响他们的职业发展。企业文化决定了企业如何对待员工，员工的职业发展也受

企业文化的支配，实践教学有利于大学生正确选择适合自己的企业。

（3）实践教学的构建

首先，改革实践教学体系。设计开放的实践教学内容，做到文理类实践兼容，专业性、综合性实践并重。加大校内实践教学基地建设的力度，形成直接以实践教学、科学研究、生产经营及推广示范为主的产学研基地；疏通企业合作渠道，选择校外的企业单位建立实践教学基地，让学生在企业内感受企业文化，了解企业内部员工的敬业精神，反复体验工作规程，掌握操作技能，同时，学生也要衡量企业环境是否适合自己的职业发展。其次，创设实践教学模式。①增加综合实践教学，多进行综合性实验和实习，尤其是教师提出的要求，学生独立完成的实验实习项目，根据学生的不同需求，设立不同类型的实践课，采取必修和选修的方式进行，毕业设计选择综合性、应用性和先进性相结合的课题，结合专业和生产实际要求进行。②设计的实践教学要营造符合实际的工作环境。在校内营造工作实践环境，让学生模仿岗位实践，进行实战演练，在制订实践教学计划时，应该注重专业实践与岗位职业能力的衔接，将岗位的考核内容分解到各个实训环节，让学生每完成一个实训环节就能培养一种职业能力和职业技能。③鼓励学科创办公司。每个学科建立与专业教学对口的专业公司，实行产教研合一的教学模式，把理论教学延伸到专业实践中，向社会开放，让学生在社会服务中提升专业能力，在实践中锻炼坚韧不拔的毅力，在实践中积累协调合作的能力，潜移默化地培养学生的创业能力。最后，改善实践教学管理。调整实践教学师资结构，加强实践教学教师的培训，采取有效措施，将高学历高职称教师留在实验室工作；对于在实验室工作的教师，让其受到工程式的技能训练，在业绩考核方面，可采用与专职教师不同的标准，鼓励其更多地参与工程式实践。完善实践教学管理制度，进行实验室管理体制改革，打破部门分离的局面，制定实验室开放制度，提高设备利用效率，要增加实践活动的经费投入，注重校外实践教学活动的设计和组织等工作的制度化、规范化。

2. 产、学、研合作模式

产、学、研合作模式是以提高培养人才的全面素质为宗旨，以社会、经济发展和合作单位对人才的实际需求制定培养目标，采取学校课堂和生产现场等

灵活、多样的教育手段对学生进行培养，促进教育、科技与社会发展需要相结合的教育模式。高等学校根据自身条件，自主开展科学研究，技术开发和社会服务。国家鼓励高等学校企业事业组织、社会团体及其他社会组织在科学研究、技术开发和推广等方面进行多种形式的合作。产、学、研合作模式是高等教育培养复合型和应用型人才的基本途径，既可以有效地让学生了解工程实践，提高学生的实践操作能力，提高人才培养质量，又可以利用学校和企业两者的科研优势，解决生产实践中出现的问题，加快科研成果的转化，是一种能有效地培养社会经济发展迫切需要的应用型人才，能加速科学技术的转化和应用，为国民经济服务的重要教育模式，因此，产、学、研合作模式已成为世界各国普遍采用的教育模式。

产、学、研合作教育模式的优势主要表现在以下几个方面。

（1）产、学、研合作有利于学生运用和检验教学成果

作为整个教学体系的有机组成部分，学生社会实践虽然安排在一个完整的学年进行，但并不具有绝对独立的意义。它的一个重要功能在于运用教学成果，检验教学成果。运用教学成果，就是把课堂上学到的系统化的理论知识，尝试性地应用于实际生产管理工作中，并从理论的高度对生产管理工作的现代化提出一些有针对性的建议和设想。检验教学成果，就是看一看课堂教学成果与生产实际工作的距离，以便完善教学计划，改革教学内容，使人才培养与行业、产业发展融合在一起。

（2）产、学、研合作有利于学生熟悉和掌握企业生产运作模式

学生通过亲身实践了解企业的生产流程，熟悉企业管理的基本环节，明确一线工作人员的基本素质要求，以培养自己的适应能力、组织能力、协调能力和分析解决实际问题的能力。

（3）产、学、研合作有利于学生就业工作

校企双向参与，产学紧密合作，充分利用社会资源，多渠道、多模式、多机制地开展产、学、研合作办学，以解决高等教育实践环节薄弱及学生就业难的问题，确保高等教育质量的提高及获得社会广泛的认可。产、学、研合作使企业全过程参与人才培养，为高等教育提供资源和技术支持，而为保证高等教

育质量，必须有数量足够、水平较高的校外实践基地。校外实践基地的合理性、可用性和稳定性是高等教育实践教学环节中不可缺少的条件之一。另外，通过产、学、研合作，有利于培养和选拔出一支既有较高的理论水平又具有很强实践能力的"双师型"教师队伍。一方面，传统教师和新教师在与企业的合作中，获得生产和科研的实践资料和技能，不断改革自己的教学方法，按照行业和企业对人才的职业要求，提高自身的实践能力和培养学生的实践技能；另一方面，随着教师队伍的社会化，高等学校调入或聘用来自行业和企业长期从事专业技术工作的有专长的工程技术专家作为实训课教师，这些教师有丰富的行业和企业岗位工作经验，保证学生能学到最新的专业技能。

3. 跨学科培养模式

从高等教育的内容来看，高等教育的发展经历了"以人文教育为主，以科技教育为主，人文与科技教育融合"三个阶段。在大众化阶段，我国高等教育正在从科技教育向人文教育与科技教育融合转变。当前，我国高等教育在向社会输送优秀人才方面做得还很不够，高等教育的专业面较窄，限制了学生的思维方式、想象力和创造力，在知识经济时代，处在科技高速发展、学科高度综合的时代，技术革新与发明需要多学科方法以及理论与实践的结合，单一的专业培养模式不利于培养高水平的创新人才。

跨学科培养模式是指在人才培养过程中，打破学科壁垒，将不同学科有机地融为一体，通过多种途径与方式，使学生有机会学习多学科的基础知识，激发学生的求知欲和好奇心，充分调动学生自主学习的积极性，尤其是要引导和培养学生获取知识的能力，以及运用多学科的知识分析和解决实际问题的能力，使学生形成复合型的知识、能力和素质结构。跨学科培养模式是提高学生综合素质，培养创新型人才的有效尝试。

第四节 大学生创新与创业教育的内在机制

一、创新教育与创业教育的契合关系

（一）创新教育与创业教育的特点

"创新"即建立一种新的生产模式，即把新的生产水平和与之配套的生产要素引入生产活动中，其作为人类生活中在认知与行动方面的能力表现，是人类能动性较高级的表达形式，也是国家进步与民族兴盛的动力。创业有两种意义上的区别：第一种创业，在一般意义上，是指重新创建一个全新的公司；第二种创业，通常意义上，是指创造新产业的一个过程。创新是创业的必要条件和源头，也是其中心环节，是创业的标志和归宿；而创业是创新的表达形式和强大摇篮，是创新的目的和最终目标，所以创业的不断发展反之也会推动创新的持续升温。创新与创业既存在着区别又有着联系，创新更多的是在思维层面的推陈出新、勇于尝试、锐意进取、精神和态度的大胆开拓；创业则更多表现在行动上，在社会政治、经济、文化等相关领域里发展新企业和新事业、开展新业务，从而实现新服务或新商品的机会被识别和挖掘出来，实现他人或社会缔造，产出新财富与新价值的全过程。

1. 创新教育的特征

（1）探究性

创新教育不能缺少对矛盾的深刻理解。在实际生活当中，如果缺少对矛盾的讨论，就不可能有学生的积极活动和学生对各方面能力的调动。综上所述，没有讨论就不会产生创造性的活动。所以讨论探究是进行创新教育关键的部分。要学会鼓励学生自主进行能力的发展，同时也要运用各种有利途径来培养学生的创新性思考习惯和创新性学习能力的品格。

（2）开放性

创新教育不是固步自封的活动，因而不能只局限于学校、限制在书本中、束缚在教师所教的内容之中。要鼓励学生放开眼界，发挥出创造的潜能。若按传统做法，即以自我为中心的方式，充其量只是按照老师的要求去记住课本知识，不会有学生主动地创新。要想实现创新，教育就必须注重生动形象地联系学生实际的现实生活，联系生活百态，关注政治、经济等有广度的方面。不仅要吸收新知识、新信息，让教育内容反映学科的最新动态，还要不断地消化与吸收。另外，还要引导学生在现实生活中运用知识的能力，使学生从中获得深刻的实践知识。学生在学习研究上的开放性心态，对创新来说，至关重要，应当激励和引导学生打破传统教学的束缚，根据自己的实际情况，通过课外读书和参与课外活动来提高自己的能力和开阔眼界。

（3）民主性

创新要求有民主的气息，让学生感到自己像鸟儿一样的无拘无束，才会自由自在地讨论、思考，提出大胆的理论设想，大胆地发表自己的意见，才会独立实践，才有可能创新，实现事物的新发展。如果没有民主，学生会感到没有安全感，不能独立思考，甚至于过分依赖老师，个人的才智与激情都会被限制，只能表现出刻板的思想，这将与创新完全不相符合，所以民主性是创新教育不可或缺的重要因素。

（4）超越性

就目前来看，创新教育的核心是鼓励和引导学生在教育的基础上不断发展。它包含超越遭遇的障碍、困难去获得新事物，并超越令人不满的现状去改变客观物质世界，建设一个新的理想世界并超越现实的自我行为方式，使自己的综合素质获得提高。如果老师的教学与教育一味地恪守常规，按书本教学，不能满怀热情地对学生进行一系列的积极行为进行创新，就绝对不可能有进步创新。如果想要获得胜利，还要敢于直面解决现实生活中的种种矛盾，更重要的是不要故步自封，而是要完善个人水平，提高自身的各种能力。重视矛盾的两个方面，鼓励学生直面自我，并不断积极向上，使之树立人生的正确价值观，从而实现人生的价值，实现自己的理想。

（5）全面性

可以这样说，创新教育的提出是要引导学生掌握大量的信息，以此来挖掘学生各方面的才能，使学生在各方面得到长足的进步，这是学生得以创新的基石或者说是源头。要尽可能地开拓学生知识面，以多取胜，要使他们产生对知识的渴望。在生活上，不可重视一个方面，而忽视精神上的培养；在认知上，又不可只看重意识程度上这方面的问题，而忽视认知结构等能力的培养；在思维上，也不可只看重其逻辑能力，或是侧重以形象意识为基石的发散思维。创新不能只靠某一两种素质，而要靠综合素质来将一个人的全部能力武装起来，用于解决矛盾，才能真正地得以发展。全面性指的并非全部要点，而要立足实际。

综上所述，创新是一个民族的精神支柱，也是国家兴盛发达的源泉和动力，创新与创新教育从未像当今如此重点地被社会和国家重视。大学生应挑起大梁，在培育培养创新性人才和民族创新精神方面努力，重新创造中华民族的辉煌。

2. 创业教育的特征

（1）创新性

我国高校创新教育是在国内国外愈发激烈的竞争态势下产生并发展起来的，是时代发展到一定程度上应运而生的产物，其上层建筑体制机制需要不断探索、创新和持续讨论。创业教育面临的矛盾也对人才培养模式的改革和高等教育的改革提出创新要求，并不断增加新的研究方向。对这一新领域的研究和探索也需要在各种形式上进行体制创新。

（2）教育性

这是一个非常重要的特征，创业教育的目标虽是教育学生在复杂的环境中开创和获得未来工作的能力，很明显带有强烈的实践性、社会性等特点，但仍然需通过不断推陈出新的手段来实现促成，要通过一系列的教科书内容和教育手段，同时要对其完成形式和内容的创新，才能实现一定的教育目的。

（3）科学性

创业教育需要遵循客观规律，遵循科学的教育程序，采用科学、合理的方法，有规律地传授给学生创业的方法论，从而有规律地开展创业活动，避免创业中出现的矛盾，从而规避风险。

（4）实践性

创业教育是具有一定的实践性的，它不能单单停留在意识层面上，而是在学习的同时，还要与创业实践活动相结合，通过合适的方法论和手段，使学生慢慢积累实践经验。由于创业教育的最终目的还是要用于实践，因而在加强理论教学的同时，应注重实践性中的一些课程，着重提高学生的操作能力。学生跟随老师的步伐，一方面，可以实现创业教育的目标，以开展独立的教育活动，另一方面，也能通过社会生活，为有实践想法的人提供更加人性化的舞台。

（5）社会性

创业教育当然离不开社会，社会环境是创业教育的主要矛盾，创业教育要受制于社会大环境的多种因素的影响。例如，其受政府在经济、科技、宏观调控方面的政策影响，当然也需要企业和社会其他有关方面的支持。此外，创业教育也具有重要的跨时代意义，它不仅可以创造更多的就业机会，在经济上提供支持，实现科技创新，减轻社会就业压力，还能帮助国家更好地发展经济，同时也为社会带来更多的福利。

总而言之，创业教育是在新的社会、经济、科技、就业环境中应运而生的，它显现出当今国家的主要矛盾，是对国家政策的一个新要求。创业教育不同于其他类型的教育，它是以社会新阶段为母体，在当今时代发展而来的，因此，创业教育有其自身的时代特征。

（二）创新教育与创业教育的关系

创新与创业教育两者间的关系至关重要，创新教育是基于培养学生创新的综合素质，以培养创新型人才为目的的一种教育实践。创业教育是指培育学生思维和技能的一种教育活动，主要表现在教会学生发挥其主观能动性的途径和方法。创新教育与创业教育二者的方向相同，都是为了培养学生的创新精神和实践能力，总体把握对人的素质分析，但创业教育更突出如何实现人的自我价值。这两种不同理念，尽管在提出问题时存在一些矛盾，但两者所表现出的这一历史性的课题在新时代备受关注，印证了我国正大力推进并开展的素质教育方向是完全正确的。创业教育与创新教育在目标取向等多个方面存在着密切联系，两者互为共生关系且辩证统一，创业教育以创新教育为最终目标，其目标是培

养具有创新意识和创新精神的人。注重素质教育并培养创新型人才,这是国家的社会经济和效益的发展和提高的关键所在。

创新教育与创业教育是辩证统一的关系。创业教育必须以创新为依托,创业教育是创新教育的另一种表达形式,而且也强调了对人才的多方位的培养。有教授系统地说明了创新教育和创业教育的矛盾,明确指出教育为创业之母,而创业教育的目标是要培养学生的各方面的综合能力,创业教育其实就是创新教育的延伸与实用化,也是一种更高层次的素质教育。创新教育和创业教育是相互依存的关系,同退同进,此二者在整体培养目标上和时代精神上都有内在一致性。当然,两者也存在着差别,创新教育注重的是对人的素质发展的总体把握,而创业教育是培养开拓人,更注重人的自我价值的提升。

1. 创新教育与创业教育的内在一致性

(1) 整体培养目标上的一致性

创新教育的目标是要实现社会发展所需要的创新型人才,因此,培养学生独立自主的创业基本素质,需要的不仅是毕业之后的就业与创业,还需要一些独立自主的社会适应能力。创新创业教育的中心环节是培养具有开拓精神和创新能力的人才,创业教育和创新教育与以往的教育模式不同,其更看重对精神和意识领域的教育,两者在培养人才的能力要求上有很多相似之处,在培养的总体目标上也是一样的。

(2) 时代精神体现上的一致性

知识经济不断发展,使得意识资源达到了前所未有的重要程度,知识效应链条展现出强大动力。处在知识经济时代的人想有所作为,就必须要具备创新意识和能力,想在未来社会拥有更强的生存技能,就要具备开拓和创业精神,掌握多种技能,这不仅是当今大学生的机会,也是对他们的要求。创新教育和创业教育两者都是人类创造力的展开,人能以此为国家的利益进行奉献,为自己的未来打下良好的基础,最终实现人类社会的繁荣,被赋予了深刻的时代意义,同时也反映出教育对于时代和社会变革所做出的贡献。因而要把教育眼光放长远,展望未来,这样的话,其对时代的把握也非常准确,创新与创业教育的一致性就表现在时代性上。

（3）对人的本质追求上的一致性

尊重学生的个性发展是对创新教育和创新创业教育的很好诠释，都是在帮助学生的发展并为其提供相应的物质保障，属于方法论意义上的指示，从对不同方面的强化中可以看出，两者都是重点培养学生的自我发展和终身学习的能力，是向关注学生在现实能力基础上对潜力源头挖掘上的靠拢，塑造个体内心的精神原动力及独立的个性品质，都属于对现实教育的一种反思。在师生观上树立良好的师生关系，对学生的各种感情给以应有的重视，教育的基本作用，比任何时候都关注和保证人人享有为充分表达自己的才能和尽可能掌握自己的命运而需要的思想、判断方面的自由。创新和创业教育目的都在于实现人类社会的发展，实现人的自由而全面的发展，都是对教育真谛的演绎。

2. 教育与创业教育的区别

（1）人才培养要求不同

创新教育的初衷是培养学生实践水平和实践能力，从而使得其根据自身特点实现充分发展，而创业教育则以学生的创业精神与能力为基础，帮助其在创新领域获得成功。因此，实施素质教育就要开展创新教育，使得素质教育与时代要求相呼应。

（2）展现的用途不同

创业教育不能取代创新教育。第一，文化继承与发展中越来越得到人们的重视；第二，表现在更加注重对人才创新的重视和服务的意识。创业教育要协调各方有序结合，并不是创业教育优于创新教育，而是要培养大学生的创新意识，对传统教育，力争实现取其精华，去其糟粕。

（3）实现的途径不同

创新教育其新型的指导思想，需要有舞台去实现自身的创新，只有涵盖创业特点、创业思维、创业知识和创业能力等方面的课程体系，在实践方面的一些学科课程、参与活动课程，以及关于创业实践、创业环境的课程等，才能使创新教育更好地涉及诸多应用类学科。

综上所述，创新教育和创业教育二者属于矛盾的两个方面，显示出了两者辩证统一的关系和自身特性。创新教育和创业教育都是对以往教育的总结，是

完善教育的一种措施手段，二者都是在历史新阶段中提出来的，是适应时代潮流的必经之路。这种必然选择充分彰显了时代气息，也是对人的发展在针对教育方面的一种客观要求，创新教育是创业教育之母，素质教育新的出发点就是创业教育。由此观之，把创新教育与创业教育的充分结合作为创新素质培养的基石，能够更加彰显创业教育的时代价值，以此来提升学生的各种创业能力，让教育与社会现实有机统一，从而更好地为我国的经济、科学技术水平的提高贡献力量。

二、创新教育与创业教育契合的条件

创业教育以创新教育为基石，创业教育的首要任务是要培育学生的各项创新能力并不断提高他们的创新意识与思维结构，培养有创新思想的学生，另外，还需要教给学生知识与技能，锻炼培养其创业心理品质，训练其在社会市场上的发展运营技能。创业教育是创新教育的社会实现和实用化，反映了经济社会发展对当代人才的新要求，创业教育的成功实践通过创业提高社会就业率，可以转变大学生的就业观，为社会稳定做出贡献，但两者也存在着差别。创新教育注重的是对人的发展的总体把握，其更倾向于对创新思维的培育。而创业教育则更看重如何获得人的自我价值，侧重于人的社会实践能力的培养。但两者的共性要大于两者的个性。

创新教育与创业教育是辩证统一的两个教育理念，你中有我，我中有你，从创新教育与创业教育两者的矛盾关系中可以看出，二者的目标取向具有一致性，都是为了培养学生的创新精神与实践技能，都是为了促进新时代的发展，都是大力推动实施素质教育的核心和关键内容。创新创业教育是一个统一且完整的系统。为实现两者的契合，需要做到以下几个方面：

（一）清晰定位创新创业教育学科

评估教育程度就必须对其进行学科定位，这是一个重要的衡量标尺。大学教育的一个重要内容就是进行创新创业教育，其在学科地位上是至高无上的。但目前现有企业管理、技术和经济科技，或是从事创新创业教育的很多学校，没有把创新创业能力即创造力和开创性当成高等教育的主流，这造成了很不好

的局面，没有重视在教学管理方面存在的一些问题，创新创业教育瓶颈也使其更加边缘化。由于学科脱离了实践，许多高校对大学生创新创业教育目标的定位也渐渐地模糊了起来。

大学生在创新创业教育中表现出来的"学生老板"情况很普遍，一个个学生老板是在企业家成长的教育活动中，以及开展大学生创业教育活动中出现的，这是一种不符合可持续发展理念的现象，无法满足经济发展中的供求关系。高校的创业教育与生活中单纯为了经济问题的就业培训不同，重点不是让学生当老板，而是需要着眼于"人才的可持续发展战略"。

大多数人认为创新创业教育仅仅局限于技术创新，在我国自主创新的要求下，国内高等院校也开始行动起来，培养技术创新的新型高技术人才。在谈到大学生创业教育时，虽然会想到技术创新和高新技术方面，但却忽视了社会创新。我国实施的科教兴国战略需要技术创新，而且技术创新目前也确实成为大学生创业的火种，但高校大学生要把握市场创新不能单单关注技术创新，还要有思想和各方面的创新。

（二）依托社会实业实现创新教育与创业教育相契合

创业存在一定风险，俗话说"万事开头难"，特别是在创业初期，会很煎熬，可能要面临很多困难，各种考验。大学生本身刚出校门，社会阅历尚浅，经验不足，所以创业面临很大风险，不如找份工作来得轻松。再者，目前针对大学生创业的社会环境也不利，虽然对创新创业的教育理念宣传很广，但缺乏有效引导，还有各级政府对大学生创业的经济环境也没有给予足够的重视与支持。创业资金的获得就是一个大问题，中小企业融资难的问题普遍存在，税收政策也没有优惠，工商行政管理部门对中小企业的设立门槛也不降反升。创业仅凭吃苦耐劳的精神是远远不够的，还要有勇挑重担，抗压受挫，开拓创新，承担风险这些奋斗精神，很明显，当代大学生中的大部分人在这些方面还是欠缺的。

三、创新教育与创业教育契合的路径

要想改变高校教育的这些困境，就要有合适的路径，需先定目标，然后寻找并制定出符合形势发展的路径和方案。这种合适的路径就是以提高和增强创

新创业大学生的素质与能力为目标，设立行动方式和手段。高校要想找到行之有效的创新创业教育路径，需要从三个方面入手，包括学校、各级政府、大学生自身这些因素要完美结合，形成一种合力。只有这三个方面有力结合，互相沟通、协调，形成合作力量，才能更好地完成目标。当然，高校的创新创业教育不是一刀切，不是让每个学生都去创业，而是因材施教，鼓励那些有创新创业精神的大学生敢于尝试，勇于尝试，积极投身于创业大潮中，做时代的弄潮儿。培养大学生的创新精神，对他们以后的人生道路大有益处，不管他们是否创业，即便去就业，具有这种素质的人也会在其工作岗位上很快崭露头角，成为主力。现在的大学生就是未来的接班人，祖国未来的希望，各个行业的领军人物，培养具有创新创业意识的大学生对我国高校在未来国际上竞争能力的提升也是很有必要的。

由此可见，高校和各级政府一定要制定全方位的战略目标，改变高校培养就业性人才的惯性，转而培养具有创新精神，能自主创业的新型人才。高校管理层必须率先转变思路；高校老师也需要改变教学内容与形式，树立创新的观念；各级政府和社会其他保障机制也要加强创新与转型；学生思想观念也应转变，不再把毕业找好工作当作第一目标，而要有自己去创新，自己去创造就业岗位的思想。

（一）转变教育理念，正确认识创新创业教育

以培养全面发展的人为创新创业人才的培养目标。从高校的人才培养方面来看，呈金字塔形状，我国高校都热衷于培养高端人才，把大部分精力都用在培养金字塔尖的人才上。但从现今社会就业情况来看，一般企业所需人才都是以金字塔中底部的人才为主，所需岗位也都是一线工人居多，所以出现了就业岗位与实际培养的人才不匹配的现状。高校轻视金字塔中底部人才的培养的这种情况也不是一朝一夕形成的，高校教育重理论轻实践也已是不争的事实。由于长久以来大多数高校都不注重对学生的开拓创新精神和为人处世方面的培养，缺乏实训和操练，轻视创业型人才的培养，而是偏重于研究型和被动就业型人才的培养，致使培养出来的大学生动手能力弱，缺乏创新精神，不愿冒风险，不敢去创业，缺乏斗志与奋斗精神，走上社会后，为人处世的能力也不足，到

用人单位也是高不成低不就的，形成一种比较尴尬的局面。

解决以上困境的方法就是，让刚毕业的大学生先到基层岗位历练一段时间，锻炼一下意志力，经受些许磨炼，为以后走上更重要的工作岗位打好基础。如果自主创业，也要从底层做起，积累工作经验，掌握专业基础知识，增强动手能力，在经历了实践、认识，再实践、再认识之后，大学生也要有使自己成为具有创新创业精神的新型人才的决心。

大家都知道，一个优秀的具有创业精神的人才必须具备的，除了最基本的知识及技能外，还要有积极乐观、勇于向上的拼搏精神，自信的心态，顽强的意志，勇往直前的干劲儿，坚定的决心，等等。高校培养这种人才需要从以下几个方面着手：首先，要以人为本，强调人的主观能动性，深挖每个学生的潜能；其次，是培养学生的综合能力，把每个学生都培养成复合型人才，全面发展的"四美"新人；最后，以培养学生的开创能力为主导，培养学生的事业心，进取心，多鼓励那些有创新创业意识的学生，并对他们这种意识加以保护。

高校的培养目标要着眼于基层，以人才市场提供的大部分就业岗位为参考，多培养金字塔中底部的实用型人才，把大学生打造成爱岗敬业、诚实守信、勇于创新、敢于开创并且专业理论知识也学得好，外语流利，计算机操作熟练，在为人处世方面也不差的创新创业型人才。新时期的大学就应该重视基础知识的教育，提高学生的素质，使他们善于创新，以培养能够自主创业、有个性有特色的人才为新的目标方向，地方政府应争取建设一批高质量高素质的新型高校。

明确创新创业人才的知识结构与能力结构。创新创业人才的知识结构，主要体现在下面这些方面：职业知识的储备、相关专业的学习、经营管理能力的培养以及其他综合性知识的学习。其中职业和专业知识是大学生将来从事具体工作或相应的职业所必须具有的知识，与其所学专业、所从事的职业密切相关。经营管理能力是其将来从事经营管理工作所应有的知识储备。综合性知识是其以后走向社会，发展社会关系，处理各种事情的必然要求，包括下面这些知识内容：行政管理法规，国家制定的政策，工商管理、金融、税务、保险、人际关系及公共关系等方面的知识。与经营管理能力及综合能力一样，创新创业知识结构属于基础知识结构，而综合性知识和经营管理知识属于较高层面的且有

重要价值的知识，这些知识结构具有社会关系运筹和内部资源配置的特征，必须将多种知识结合起来使用，才能共同发挥作用。

在创新创业人才需要具备的能力结构中，包含专业能力、职业能力、经营管理能力以及综合能力。其中专业能力和职业能力是一个人从事某一特定行业必须具备的专业技能，也是他在职业生涯中能够长盛不衰的生存必需，是维持生存与发展的最基本的手段。并且这种专业知识与技能的高低也对其未来发展起到关键性作用，决定着他事业的成败。而一个人的经营管理水平是一个人综合能力的体现，是由时间、空间，人、财、物所构成的合力组合，以及如何科学地运筹和更好地配置优化结合在一起所引起的一种心理能量的显示，这是一种要求具有较高思维层次的创新创业能力。此外，综合性能力所包括的范围更广，有思维能力，观察能力，学习能力，社会组织能力，整体把控能力，处理和加工信息的能力，利用与创造机会的能力，是否善于收集有用信息，并能综合利用这些信息的能力，以及利用、适应、驾驭变化的能力，决策与用人的能力，关于交往、社会活动、公关方面的能力，等等。综合能力是所有的创新创业能力中最高层次的能力，综合能力能够在更高层次上对工作的效率和成败产生重要影响。

改革高校中"封闭式"的人才培养模式。高校封闭式人才培养管理模式比较明显，缺少与外界的交流。高校常常"闭门造车"，不了解用人单位到底需要什么样的人才，也不了解学生的实际需要，就按固有的模式盲目地进行专业课程的设计，没去人才市场进行调研，也不管学校是否有增加新专业的能力，就由学校的几个领导商量拍板，增加新专业。在教学方面，还是采用传统教学模式，老师在上面教，学生在下面学，"填鸭式"教学。这种完全脱离社会实际的培养人才模式很难培养出社会所需要的有创新创业意识的新型人才，和新形势下新的办学模式极不相符。以后高校要实行"开放式"教学模式，改变以前的封闭状态。所谓的"开放式"教学，就是让高校打开校门办学，首先，学校对外开放，与其他高校和社会各界加强沟通交流和合作，吸取众家之长，形成一种合力，为培养新时代的创新创业型人才服务；其次，高校自己内部各院系之间，教职工之间，师生之间，也要加强沟通与交流合作，实现高校内部的

开放。

在全球经济与科学技术以及教育竞争愈发激烈的时期，我国社会主义市场经济体制变革和发展时期，我国高校要有市场观念，办学理念应和实际需求相符，放眼国际，放眼未来，理论联系实际，冲破守旧的壁垒，推倒人设的"围墙"，用开放的眼光实行开放式办学，为高校提高国际竞争力树立新的办学理念。

确立以活动建构为本的学生发展观。开展创新教育就要树立科学的理念，正确处理好教师讲授和学生接受与活动构建之间的关系，确立以活动建构为本的学生发展观。

传统的教学模式都是以教师讲课、学生听讲为主的教学模式，这种模式有利于学生在课堂教学中接受大量知识，适应了"接收教育"的需要，但对学生的积极性的调动和学生主体地位的落实相当不利，同时也不利于对学生创新能力的培养。因此，确立以学生活动构建为主的教学模式就显得相当重要。以学生活动构建为主的教学模式，能够充分体现学生的生命力和丰富的个性，对学生自身个性的发展特别重要，也有利于学生主体地位的充分落实。在一定程度上来说，教育是一项关乎人文、关乎生命科学的大事，是一项崇高的事业，其中创新技能是核心中的核心，活动建构更是实现这一核心价值的重要手段。

（二）整合校内资源构，建创新创业教育的实现机制

1. 构建以创新创业过程作为核心的课程体系

高校进行创新创业教育，重要目标是为了培养具有创新和冒险精神以及具备开创精神，能够自己创业，独立工作，兼具社交、管理、专业技能的新型人才。为了我国创新创业教育的全面持续发展，需要从科学的角度认识创新创业教育的意义，进而对整个社会创业起到带动作用，构建出适应我国国情的创新创业教育课程体系。依照创新创业教育的定义以及其本身的实践特征，其核心内容包含以下四个方面：首先，是创业理论，是对创业的经过和创业活动本身进行研究和分析，并使参与创业者学习并掌握创业的技巧及相关的基本理论，借此了解创业的产生及发展规律；其次，是创新能力，有创新才能有创业，创新是创业的初期萌动，是创业的核心内容；再次，是创业精神，创业精神的重

点是使创业者具备创业的过程中所要有的非智力因素；最后，是创业技能，通过对创业过程必须经历的过程和使用的方法进行分析研究，以此提高实践能力，积累必要的经验。以上四点就是构成创新创业教育体系的最基本框架，四者缺一不可。假如每一个有志于创业的人都能接受这种创新创业教育，就会对整个社会创业的全面发展起到推动作用，会使创业者少走很多弯路，从而使他们的创业之路走得更顺畅，也能提高创业者的激情与动力。创新创业教育课程体系的构建，要遵照创新和实用相结合的原则，关注学科与学科之间的交叉与渗透性。在结合自身情况学习先进的基础上，还需要做好以下几点：①增加基础课程的设置，适当减少专业课程的数量，并加强通识教育；②综合课程酌情增加，应该包含那些跨学科以及跨专业的课程，其中既要包含文科、理科和工科有机结合的课程，促使学生形成综合知识结构；③要建立相对完善的选修制度及学分制度，应该开设足够多的各种类型的选修课程供学生选修，给那些有余力跨学科、跨专业以及跨系选修课程的学生创造便利的条件，通过这些措施的实施，就能使学生在具有以专业知识结构为基础的同时，又可以具备综合性知识结构；④创新创业课程需要独立开设，并且要有针对性地开设，不需要面面俱到。

2. 大力加强产学研三方合作教育

由于创新创业课程具有很强的社会实践性，这就决定了一定要依靠外界的一些社会力量，不是仅仅依靠高校的封闭教育就能获得硕果的，要多与社会上企事业单位进行合作，设立教育实践培训基地，为创新创业教育搭建一个实践的平台，这也是我国高校从国外其他高校的创新创业教育中受到的启发。实行创新创业教育，要走生产、学习、科研一体化的道路，不能单纯对学生进行说教，要为学生的创新创业提供示范性教育实践基地。高校走生产、教学、科研一体化的道路，是未来创新教育的要求，是教育改革的重要组成部分。这里所说的"产"是指高等院校在搞知识创新的同时，要学会把知识转换成生产力。这就需要通过推行导师制、科研训练计划以及科技孵化政策，"学"和"研"则要求学生直接参与到经济建设之中，理论与实践相结合，才能更好地为学生的创新创业活动提供非常良好的试验田。在进行实践活动的过程中，高校应该多聘请创业成功的企业家到学校进行演说，传授成功经验，必要的时候可以聘请一些社会

上的成功人士担任学校的兼职教授,以便能更好、更及时、更准确地为同学们提供学术和科研方面的创业指导,最好将他们创办企业的所属领域作为研究课题,或用企业的一种产品进行合作开发,这样可以调动企业的积极性,也可以通过这些渠道为高校筹得科研经费,高校老师和同学们也得到了锻炼,学到了知识,增加了实践技能练习的机会。同时,在创新创业实践方面,在高校学生在和企业家的接触过程中,也为想要创业的同学钩织了一张很大的创业关系网,对这些同学来说,将是一笔巨大的财富。

3. 深化创新创业教育教学改革

创业教育不光在内容上,同时也体现在形式上,与传统的应试教育及传统就业的教育有很大区别。因此,要求国内高校的创业教育在学习国外高校先进经验的同时,还要进行学科创新,对创新创业教育的改革要逐步深化,建设具有中国特色、符合中国国情的创新创业教育特色。在开展教学实践中,不能局限于行业和专业的课程,要让知识结构丰盈起来,对涉及的专业也要尽量拓宽,使学生组建起适合自己个性的知识架构,依据自身需求自主选择学习内容。同时,在教学知识及所学课程知识丰盈的基础上,也要借鉴其他高校的成功经验,学习他们在创新创业教育实践中的一些新的有用的内容。

4. 搭建创业实践平台

从某种意义上来讲,创新创业教育是对全面发展的人才的进一步促进,是对其思维思路的进一步扩展和延伸。对于创新创业教育的社会实践来说,单纯依靠课堂上对学生进行创业理论的传授和邀请企业家进行专题讲座,对学生创业意识的激发是不够的,更重要的是让学生在具体实践中获得真实的体验。因此,学校应该更为积极主动地给学生的创业过程提供支持,尤其要发挥学校的指导和管理及服务功能,并进一步扩大学校和企业的合作,让学生有更多的到企事业单位实习的机会,与企事业单位共同创建创业教育实践基地,并要鼓励学生积极地组建创业团队,为学生的创业搭建良好的平台。学校方面也要多多举办创业竞赛活动,可以开展虚拟创业活动,模拟创业,并对创新实验计划加大推进力度,以训练学生创新创业的思维能力,并且促进学生良好的意志品质以及

道德素质的形成，进一步推动创业教育的深入开展，努力培养学生的创业能力，进而促使学生开创性思维能力的养成。

（三）优化校外环境，发挥政府与社会协同作用

仅仅依靠高校自身的力量对于高等院校创新创业教育的落实及其发展来说是远远不够的，还需要社会各界的大力支持。另外，各级政府部门要在社会支持力量中起到主导性的作用。因此，我国高校在发展创新创业教育的过程中，要进一步强化政府部门的责任，同时利用好市场机制的积极作用。在此过程中，政府部门的力量不能小觑，因为政府部门有权动用相关的政策，采用相关的对策和措施来对妨碍社会和谐发展的趋势或现象施加干预，政府部门是社会公共权利的绝对拥有者。事实上，各个高校在很多地方都受制于政府的干预，包括大学生的就业与创业方面，有时候对高校创新创业教育的发展也产生了不利的影响。所以，高等职业学校和政府部门有着紧密联系，二者之间的关系是相互依存，相互促进的关系。基于此种原因，应该从下面的几个方面来强化政府部门在高等职业学校创新创业教育中的重要职责：

1. 落实和完善国家创新创业的政策

最近几年来，党和政府对全民参与创业的呼声很高，国家也大力提倡构建和谐社会，各级地方政府也都争相推出了相应的创新创业政策，同时还制定了许多鼓励创新创业的优惠政策。针对在校大学生创新创业能力的培养方面，地方政府应在创新创业政策服务方面做好以下三点。第一，各级政府推出的各项有利于大学生创业的政策，要让大学生更好地去了解，诸如怎样提供创新创业援助、如何减免税收、创业贷款资金的支持以及其他的社会保障等政策，要对其进行全面的收集与整理，并汇编成册，免费发放给大学生。第二，要教会大学生如何才能更好地利用好相关政策，应该举办创业政策宣讲大会，以及创业形势报告会或分析会，帮助具有创新创业想法的大学生更深入地了解创新创业政策。第三，针对大学生不清楚某些创新创业政策的，要积极帮助大学生去争取创新创业的优惠政策，政府教育部门也应该对创新创业的大学生出台相关的政策，例如，一方面，采用把创新创业课的成绩计入学分的办法，推行弹性学

分制，鼓励大学生自主创业，还要制定出相关政策，鼓励在校就读期间的大学生去进行创业，允许其申请办理休学并为其保留学籍。另一方面，地方各级政府需要制订与完善市场经济的竞争规则，努力优化社会创新创业环境，同时对在政府部门工作的公务员，要规范其工作行为，坚决制止扰乱创新创业市场发展的一切违法乱纪行为。

2. 建设政府及社会各界多元化的融资渠道

在经费的投入上，政府部门是高校教育经费的主要来源之一，为了更好地完成高校入学就读率的任务和指标，政府要增加对高校教育的资金投入。政府在给高校拨付款项时，应当引入竞争机制，要适当向发展和科技创新水平更高的高校倾斜，对那些主要从事基础理论研究的高校也要重点扶持，以显示公平原则和体现效率优先的原则。还有那些能够适应国家经济发展需要，但其自身适应市场能力较弱、社会公众在认识上不足的高校或专业，国家也要给予重点支持。为了使其能够非常顺利地迈出创业的第一步，帮助有创业想法的大学生缓解筹资压力，单凭政府设立的创新创业基金是远远不够的，需要各级地方政府加大创新创业基金的投入。通过设立有一定资金规模与数量的"大学生创新创业基金"，通过政府投入、社会募集以及银行放贷这三种主要渠道来争取创新创业基金。在多年的实践中得出了几种筹集资金的方法。其一，是通过政府或企业和学校提供担保的方法，取得贴息贷款。这种方法对大学生在创业过程中出现资金不足的那部分筹款比较有用，这样做的同时可以让银行减息让利。其二，是采用信用担保贷款。这种方法适用于那些表现优秀的大学生，比如学校向社会企业推荐优秀的大学毕业生，以及通过学校或者企业评选出的校园创业之星等，都可以视为有良好信用记录的典范，用其信用作为无形资产为其提供担保，向银行进行贷款。其三，是由政府出面组织建设一个高科技创新创业园区，积极向有创业意图的大学生提供创新创业实践的平台以及"孵化器"，甚至还可以向政府提出申请，申请用政府设立的高新技术开发区作为大学生的创新创业园区，准入门槛对创新创业的大学生适当降低，通过免除一定时期的场地租金或保证金等费用。其四，是将创新创业的大学生准入条件适当降低，例如，同等条件下减少公司注册资金，减免工商税务等部门的办理证件的费用等，

以体现政府对进行创新创业行动的大学生的激励。

3. 政府应给予高校更多的办学自主权

从当今社会发展的总体趋势来看,在进行宏观管理高等院校的过程中,政府要始终以人为本,始终站在人民群众的根本利益上。根据高等院校提出的相关要求,为了防止政府限制办学的自主权,政府不能直接参与管理,甚至于想要控制或限制高校内部的教学和生活,并且不能在学术界行使其行政的命令,从而影响学校的正常教学。这不仅要求政府行使在高等院校体系内部进行宏观调控的职能,同时更要体现政府职能对在高等教育事业方面的推动作用。总之,政府职能的重点应该放在对教育的整体规划、经费的管理与控制以及教育质量的评估与监督等方面。只有在这些方面进行管理并落实到位,才能够实现国家所有权与高等院校办学自主权这两者之间的合理性。政府需要清楚地知道,只有规定高校的自主权,才能让高校以正当且合法化地去行使属于自己的权利,同时政府也只可以在法律许可的范围内,以合法的方式监督高等院校的教学和日常活动。但是由于高校在获取办学自主权上,与政府职能的转变又有着非常紧密的关系。因此,高校要想有真正获得自主权的可能性,是以政府真正地转变其职能为基础作条件的。高校所应拥有和获得的自主权包括以下几个方面:招生办法权、学校设置的专业权、评审教师职称权、学费制定权等。

4. 完善政府自身的服务体系

国家的各级地方政府需要以基础环节作为工作的切入点,逐渐加强与完善以下六项服务。第一项服务是向广大社会发布创业信息。例如可以通过电视、报纸以及互联网等传播媒介,向大学生创业者发布最新的创业消息。各级政府在发布相关创业项目的同时,提供创业信息的咨询服务系统。第二项服务是建立相关的创业项目负责机制。行政管理部门要对创业项目进行具体的指导以及追踪服务,并且应该定期组织专职的创业指导教师进行指导。第三项服务是创建"大学生创业超市"。通过"大学生创业超市",从而实现资源的共享,以此将大学生的创业项目和信息整合起来,从而使创业大学生在进行创业选择时可以择优选取。第四项服务是成立专门针对大学生的法律援助中心。法律援助

中心的责任，主要是向大学生创业者提供法律咨询以及维权的服务。第五项服务是修订大学生创业者就业创业联合会议的制度。政府每年定期举办相关的重要会议，研究并探讨如何去解决大学生创新创业过程中所发现和面临的实际困难以及其他诸多问题。第六项服务是制定奖惩政策。各级地方政府应该利用自身的优势整合好社会资源，以此来鼓舞各级企事业单位积极地接纳刚毕业的大学生到单位实习。同时要调动社会上的一切积极力量，落实好培养大学生创业者创业能力的服务，以及帮助大学生健康成长的服务。为了正确地处理好政府与高校两者之间的关系，政府同高等院校在高等教育事业的发展以及建设过程中，两者各自所承担的责任是不能相互替代的，应该要让这两者的工作合二为一。与此同时，必须要将转变政府职能作为切入点，改变以前政府在高等教育管理过程中大包大揽的行为，扩大高等院校的自主权，强化政府对高等教育选取宏观调控的职能和政府的服务职能，从而真正建立起既符合我国基本国情的，同时又能够促进高等教育迅速、持续、健康发展的管理机制。

（四）提高大学生自身素质，增强其创新创业的能力

高等院校对大学生创新创业能力的培养不是一蹴而就的，而是一个系统工程，不只是地方政府需要努力，同时，高校也应下大力气加强对学生的创新创业教育。

1. 对大学生进行心理辅导

大学生创业的最主要障碍，并不是外在条件的影响，而是来自内心对创业的恐惧，主要原因是没有社会经历，缺乏自信心，担心自己不能处理复杂的事情。为了突破这样的心理障碍，无论是在日常教学中，还是在课外的社会实践中，高校必须要加强对大学生创业人格心理的教育以及训练，一定要注重培养大学生的自信心。而从另外一个角度来讲，大学生自身才是突破心理障碍的关键，应该转变心态，积极配合学校和教师的心理辅导，从而激发对创业的热情和无限潜能。有一些心态消极的大学生，对做任何事都缺乏自信，有时甚至会用怀疑的眼光去看待周围的一切事物，经常用消极被动的心态去思考问题。当谈及创业时候，他们也总认为是遥不可及的事，认为自己根本干不了，还没开

始就已经在大脑中"否定"了几遍，因此对创业也就不抱任何希望了，创业这件事自然而然也就被放弃了。其实，创业并没有想的那么难，只要善于思考并能细心地观察生活，能够时刻保持着积极向上的心态，勇于行动，肯定能够成功。大学生作为创新创业的主力军，从一篇篇的优秀论文中，从一个个的发明创造中，从一个个的创业项目中，从一次次的精彩活动中，从一个个的新组成的团队中……这些可以全方位地展示大学生的能力，同时也凝结着当代大学生的汗水与智慧。"我一定能创业"和"创业就在你我身边"，以上的心声都应该是当代大学生创业所具备的积极心态。其实每个人的潜能都是不可估量的，每个人一生的时间所开发的潜能仅仅发挥出了很小部分的作用，如果借用冰山作为比喻，发挥出大脑平时作用的那一部分就像是冰山露出海平面那一小部分，只占整个冰山小小的一部分，而那些深藏在海底深处的很大部分的冰山，就是还远未能够察觉到的、未能非常充分地开发出来的那部分潜能。在现实中，有很多学历并不高的人在创业上都有所作为，作为 21 世纪的接受过高等教育的大学毕业生具有更好的创业条件。

2. 培养大学生的自主学习能力

自主学习的能力要求人们按照一定的个人以及社会的价值需求，主动把握生命发展过程中所需要的一切事物。自主学习能力有如下几个特征。第一个是自主性。指的是个体生命不是在被强迫着去学习，知道学习的重要性，能够自觉且自愿地去学习。第二个是能动性。指的是生命主体即能积极而又能够创造性地去学习，并且懂得如何消化知识，不单单是对知识以及信息进行简单接受，同时还要善于将其转化成生命所需的精神能量。第三个是创造性。学习的最终目的必定是吐故纳新、推陈出新，面对现实条件能够应对自如，并且有所创新，而不是"读死书，死读书，读书死"的状态。在知识大爆炸的今天，掌握自主学习的能力是大学生立足于社会的根本，对一个人和集体的成长具有举足轻重的作用和意义。对大学生来说，要珍惜在学校的时光，努力养成良好的学习和生活习惯，并能做到热爱学习，学会学习，学会生活，学会生存，学会工作，学会如何思考以及学会如何创新。总而言之，不断地训练和提高学习能力，这会使你的一生受益无穷。同样的道理，如若一个组织的所有成员都具备自主学

习的能力，那么这个组织极有可能收获成功，并且继续创造辉煌。其能够收获成功的秘密就在于，首先，这个组织能够以最快的速度习得新知识，并且能够获得最新信息；其次，组织领导层需要与时俱进，这意味着也要不断地提高自我学习能力，使该组织成为学习型的组织，并能调动以及发挥成员的积极性；最后，就是要以最快的速度和最短的时间把所习得的新知识与新信息以及新技术应用到企业以及个人的变革与创新中去，使得自身更加具有竞争力。

3. 鼓励大学生积极参加校内创业活动

大学时期的校园生活内容丰富，可支配的时间是充裕的，创新创业会让课外生活变得丰富多彩且更有活力。只有不断地创新，校园丰富多彩的文化才能具有持续地散发魅力。大学生创新创业经历是一笔宝贵财富，毕业后最难忘的也许就是那些富有创新创业精神的老师以及同学，而最令人永生怀念的可能是亲身参与过的那些具有创新色彩的活动的种种情景。大学生身处创新创业的校园大环境，参与许多有意义的活动，把握住锻炼能力的机会，让自身融入其中，并从中获得在其他途径得不到的磨炼。课外创新创业实践活动是培养与锻炼学生的创新精神以及创业能力的"第二课堂"，同时也是生命快乐的"第二课堂"，这里可以展现大学生个人的创新创业才华。例如积极地为组织活动献计献策，为组织奉献力量，争取参加学校的青年创业者协会社团组织，并且协助协会组织好丰富多彩的活动，并且能够大胆地提出创业计划，撰写创业计划书，报名参加校内外组织的学生创新创业计划大奖赛等活动。

4. 鼓励大学生积极投身社会创业实践活动

对于大学生的创新创业能力的培养，有一种非常重要的实际训练方式，那就是参与到校外的创新创业实践活动中去。让大学生以亲身实践去了解和观察社会，从校园走出去，认识这个社会，同时要调查并剖析社会，从而让自己更好地立足于社会，通过这些锻炼，必定能够提升自己的创新创业能力。机会对于每个人都是一样的，需要双眼去发现，同时也需要竞争的勇气，更需要实际行动。鼓励大学生充分利用课余时间以及休息日等空闲时间去做市场调研，以此来发现社会的实际需求，同时尽量争取到创新创业的营业部门去打工，寻找

商业机会，也可以利用课余时间，在体验生活的同时磨炼意志，这样能学习到创办实体企业的实际管理技巧与方法，从而一举多得。引导学生学以致用，做到理论联系实际，并且在实践中学习，使大学生更好地融入政府及学校倡导的创新创业发展计划当中去，在学习的过程中也要积极实践，让生命之树在社会实践中常青，让生命的律动在实践中闪烁出耀眼的光芒。

第二章　大学生创新创业能力培养

第一节　创新创业能力基础理论

一般情况下，大学生创业成功与否与其创新能力与创业能力密切相关，一般创新能力越强、创业能力越强的大学生越容易创业成功。而大学生创业不但可以减轻就业压力，还可以促进社会经济的发展。因此，鼓励大学生创业是解决我国高校毕业生就业难问题的一个重要途径。而大学生要进行创新与创业，就需要具备创新与创业的能力。

一、创新创业能力的概念

（一）创新能力的概念

创造学和心理学上一般用创造力来表示创新能力，意指创造、创建、生产、造就的能力。事实上，创新能力与创造力在内涵上并不完全相同。

创造力是一种隐性的创造潜力，是人的一种先天的自然属性，与后天的知识和经历并没有直接的关联。创新能力则是一种显性的创造力，是人的一种社会属性，它是人在后天教育或培训的基础上形成的一种能力，与人后天的知识和经历有着十分密切的关系。因此，创造力是无法测量的，但创新能力可以测量。

在当代学术界，国内学者对创新能力的理解各有不同，他们的观点总结起来大致可分为以下三种。

第一种观点认为创新能力是个体运用一切已知信息，包括已有的知识和经验等，产生某种独特、新颖、有社会或个人价值的产品的能力。将创新能力分

为创新意识、创新思维和创新技能三个部分,并将创新思维看作创新能力的核心部分。

第二种观点认为创新能力是人们获取、改组和运用已有知识的能力,以及研究与发明新思想、新技术、新产品的能力。

第三种观点认为创新能力是建立在基础知识、专业知识、工具性知识(或方法论知识)以及综合性知识四类知识结构基础上的能力。

综合分析这三种观点,可以发现,虽然这些观点在表述上各有不同,但却都解释了创新能力的某些内涵特征。因此,本书综合以上观点认为,所谓的创新能力就是在前人发现或发明的基础上,创新主体以已知信息或知识为基础,对客观事物或现象进行重新组合,产生出具有新颖独特、有社会和个人价值的产品的能力。这一概念主要是根据产品来判断创新能力,其判断的标准主要是看产品是否新颖、是否独特、是否有社会或个人价值。若符合这些标准,则说明其创新能力较强,反之则不然。

(二)创业能力的概念

创业能力是一种综合能力,它与创业者创业经历的成败密切相关,是创业者顺利实现创业活动所必需的一种素质与能力。从概念上来看,创业能力是一种能够在创业实践中体现出来的,并能影响创业实践的活动效率,推动创业者顺利实现创业目标的知识和技能。简单来说,创业能力就是人在各种创新活动中,凭借个性品质的支持,利用已有的知识和经验,新颖独特地解决问题,产生出有价值的新设想、新方法、新方案和新成果的本领。

二、创新创业能力的构成

(一)创新能力的构成

作为人在创新活动中表现出来的各种能力的总和,创新能力对于创业者的创业实践成功与否具有重要的作用。因此,了解创新能力的构成要素,这里的创新是指以某种形式存在的思维成果,它既可以是一种新概念、新设想、新理论,也可以是一项新技术、新工艺、新产品。

对于深入理解创新能力的本质特性，训练、培养、开发与提高大学生创新能力具有十分重要的意义。

具体来看，创新能力主要由以下几个要素构成。

1. 创新思维能力

创新思维能力就是产生新思想的能力，它是创新初始的关键一环。创新思维能力一般由逻辑思维能力和非逻辑思维能力构成。

（1）逻辑思维能力

逻辑思维能力是指能采用科学的逻辑方法，对事物进行观察、分析、概括、判断等的能力。它是新思想产生的基础，若没有逻辑思维能力，那么创新者提出的新思想便得不到论证，其产生的过程也就不完整，这样一来，新思想就可能不正确或存在问题，自然对人们的言行也就没有多少指导作用。因此，逻辑思维能力是创新者必备的能力之一。

（2）非逻辑思维能力

除了逻辑思维能力以外，创新者还需要具备一定的非逻辑思维能力，这样才能产生新思想。在新思想产生的过程中，虽然个体最初用非逻辑思维提出的各种设想都是错误的，但它们并非毫无价值，因为通过非逻辑思维提出的新思想越多，新思想产生的机会就会越多。由此可见，非逻辑思维能力对于新思想的产生具有非常重要的意义。

2. 创新实践能力

创新实践能力是创新者进行创新实践所需的各种能力，主要包括提出问题的能力、解决问题的能力、实施创新方案的能力、把握机遇的能力等。

（1）提出问题的能力

一般情况下，进行创新会经过一个"发现问题—寻找资料—弄清问题"的过程，因此，由创新者在已有知识、信息、经验和价值观的基础上针对创新对象的情境、状态和性质提出新问题也是创新能力的一个重要构成。从构成上来看，提出问题的能力一般由以下几个方面的能力构成。

（2）解决问题的能力

不少人都会提出一些问题，其中有不少问题都很有价值，有些人甚至也已经思考出了解决问题的方案，但大多数人或者由于缺乏完成能力而不能将方案付诸实施，或者因解决问题的能力不足，导致创造出的创新产品很粗糙，难以达到预期的效果，最终被淘汰，自然也就无法实现真正的创新。可见，只有创新者拥有解决问题的能力，才能完成创新，也才能取得创新的效果。因此，解决问题的能力也是创新能力的构成要素。

所谓的解决问题的能力，主要指的是在提出问题后，能够不畏艰辛、一丝不苟地完成有价值的创新设想的能力，它是在对所提出的问题尚无现成的方法可用时，把问题的初始状态向目标状态转化直至达成目标的全过程。

一般情况下，解决问题要具备四个因素：一是解决问题的过程是明确、清晰、科学、合理的；二是解决问题的全过程，对操作的已有知识和相关知识的掌握是完备和充分的；三是解决问题必须是个性化的；四是解决问题应是指向目标的。

（3）实施创新方案的能力

在提出创新方案后，创新者需要将其付诸实施，这样才有可能获得成功，这就需要创新者要有实施创新方案的能力。具体而言，创新者实施创新方案的能力主要包括以下几个方面。

第一，语言表达和写作能力。很多创新方案都需要创新者用文字或语言表述出来，以供人们理解或作为创新成果完成的一种形式，在这种时候，如果创新者的语言和写作能力不强，很难清楚明白地表现出自己的想法和思路。再加上创新方案的撰写与文学意义上的写作是不同的，它更要求科学的可靠性和逻辑的严密性，要求撰写者逻辑严密、论证充分、结论明确、阐述简洁精练，因此，创新者必须具备一定的语言表达和写作能力，这样才能更好地解决问题。

第二，提高效率的能力。由于提高效率也是提高执行力的一个重要手段，关系着创新者解决问题的成功与否，因此，创新者也需要具备提高效率的能力。一般来说，要提高效率需要节约时间和提高速度，以便在科学合理的时间范围内，快速高效地完成某件事情。此外，要提高自己的效率，还需要将精力、时间集中在当前所做的事情上，以便形成一种能量聚焦效应，推动办事效率的提升。

第三，组织能力。一般情况下，要将自己的方案付诸实施都需要其有一定的组织能力，不仅能够合理组织实施的步骤和节奏，而且能够合理组织实施所需的资源支持等，可见，具备一定的组织能力对创新者而言是十分必要的。

第四，成功益进能力。研究发现，一些失败者最初进行创新时是取得了一些成就的，但却在此之后开始自满，从而故步自封，最终以失败告终。可见，成功是没有穷尽的，要想获取成功，就需要始终保持非常谦虚的学习态度，不因自己的成功而沾沾自喜，不求上进，反而要自觉地抵御成功后自己身边环境氛围的变化对自己的诱惑，正确对待荣誉、捧场、奉迎、物质和精神享受，不应因为这些东西而迷失自己。在实施创新方案的过程中，创新者应具有成功益进能力，将成功放在明天，把计划放在今天，把行动放在现在。

第五，精雕细刻的能力。一般情况下，创新者提出的创新方案大都是从大处着眼，比较重视方案的原理和巧妙性及其实现的方法，而很少考虑细节的尽善尽美。而在实践过程中，不少创新方案最终以失败告终也都是因为在细节处理上不到位，因此创新者需要对每一个细节都予以重视，这就需要创新者在实施这些方案的时候，能够注意各个细节，精心思考、分析每一个细节并注意不同细节之间的关系，以便使每个细节都趋于完善，达到可靠、经济、实用、美观的目的。而这些实际上都归属于精雕细刻的能力的范畴。

（4）把握机遇的能力

机遇就是在行为或事件过程中偶尔出现的，能够给人带来转机和良好效果的条件。在人的一生中，可能遇到各种机遇和转机，若能够及时抓住这些机遇，那么可能会给人带来意想不到的好处或积极效应。将其放在创新活动中也是一样，若创新者能够及时意识到并抓住机遇，便很有可能实现自己的创新目的，因此，把握机遇的能力也是创新者必须具备的一个能力。

3. 创新型学习能力

创新是一种超越自我、超越当前思维的局限，识别生存背景可能发生的各种变化，并主动遵循这些变化来积极驾驭生存状态的活动。它特别强调高瞻远瞩，捕捉学习创新、生活创新、事业创新的方向或主题以及方式、方法，以有效地改善自己的成长环境，促进社会的进步和发展。而从其产生特点来看，创新是

创新者为提高自身素质而在创新型生存理念之上建立起来的一种精神和能力，而这种能力的培养或激发都需要创新者进行创新型学习，需要他们将自身的全部活力融入人类"生存源于创新"的崇高理念之中，这样才能通过终身学习获得奋勇创新的力量源泉。从这一层面来说，创新型学习能力也是创新能力产生的基础，更是创新能力的构成要素之一。

4. 借力能力

所谓的借力能力，是指将他人的优势借为己用的能力。从创新方案的实施过程和效果来看，创新者若具有借力能力，则能够为创新方案的实施提供一定的支持，因此，创新者具备一定的借力能力是必要的。一般情况下，在创新的过程中，若想运用借力能力，首先，创新者需要清楚自己的优势和劣势，对自己进行正确评估，这样才能科学地借力，也才能对自己的创新活动产生正向的促进作用。其次，创新者要科学地选择借力的方向，选择那些能够对自己的创新活动有用的知识或手段来促进自己的创新活动的实施。在实践过程中，创新者可借用的知识或手段主要有最新科研成果、最新或有用的信息和社会各界的力量等。

（二）创业能力的构成

作为一种特殊的能力，创业能力由以下要素构成。

1. 领导能力

现代社会中，除了极少数的情况，大多数事物都是由团体来完成的。而在这个团体中，领导阶层的领导能力的高低会对团体的运作情况产生直接影响。因此，对于创业者而言，领导能力是其必不可少的一个能力，不管是前期的个体经营，还是后期的规模化经营，都需要创业者有很强的领导能力。此外，创业者只有具备高超的领导能力，才能带领自己的团队稳步发展，也才能为日后自己事业的发展做好准备。

2. 专业技术能力

专业技术能力是创业者掌握和运用专业知识进行专业生产的能力。实质上，

这个定义包含了两个层面的含义：专业知识和专业技能。运用专业知识就是在创业实践活动中用专业知识指导具体操作，形成技能技巧。专业知识掌握得越牢固、越全面，越能够运用自如、得心应手，就说明专业技能越强，创业成功的把握越大。可见，专业技术能力是以专业知识和专业操作技巧为基础的特殊能力，也是创业必须具备的基本条件。创业者只有具备了专业能力，才能找到知识与产品、技术创新与市场需求的结合点，激发内在的创业愿望和激情，使科技转换为生产力。

3. 分析能力

分析能力是做事情的基础，一个人只有将事情分析清楚才能得出正确的结论，并以此指导行动。因此，对于创业者而言，分析能力也是其必备的能力之一。

4. 抗挫折能力

创业者在创业过程中，由于主客观原因，遇到挫折是不可避免的。不同的人在遇到相同的挫折时，会有不同的反应，能否经受得住挫折也表现出明显的不同。这不仅是因为个体经受挫折时的心理状态不同，还因为个体对挫折的态度和应对的方法存在差异。能够以积极的心态和正确的方法对待挫折的人，其抗挫折的能力就强，反之则弱。对于创业者而言，创业过程中不可避免地会面临各种挫折，如果不能以积极的心态对待，那么就很有可能导致创业失败。

5. 社交能力

社交能力主要指的是与周围环境建立联系并对外界信息进行吸收与转化的能力，同时它还包括处理与周围人的关系的能力。社交能力的强弱会在很大程度上影响一个人与外界的交往能力，对于创业者而言，良好的社交能力对于其创业活动也意义深远。

6. 把握商机的能力

能够满足一种需要或是能够提升满足感的需要都可能是商机，它只会在某一个特定的阶段出现，稍纵即逝。在信息化时代进行创业，必须重视对商机的把握。合适的机遇能够赢得发展的机会，贻误时机则有可能使企业蒙受巨大的损失，因此，把握商机的能力十分重要，该能力也是创业者所必备的能力之一。

7. 利用信息的能力

信息是创业决策和管理的重要依据。利用信息的能力的强弱直接影响到创业过程中的决策和管理是否科学和有效。利用信息的前提是捕捉信息。能否收集和掌握经济信息，是决定胜负的重要因素。

8. 网罗人才的能力

企业的竞争实际上就是人才的竞争。企业经营得好坏，与用人的合理与否有着非常直接的关系。一个成功的创业者，必须要广泛吸纳人才，充分发掘每一个人的长处，使其在企业中发挥最大作用。因此，创业者需要具有恰到好处的用人能力，只有做到人尽其才，才能让企业获得更大的发展。

9. 经营管理能力

经营管理能力是指对企业的人员、资金等进行有效管理的能力。在创业过程中，创业者的经营管理能力对于企业的生存和发展具有至关重要的作用，很多新企业都是由于管理不善而倒闭的。对于创业者来说，提高自己的经营管理能力，应从学会经营、学会管理、学会用人、学会理财几个方面去努力。

第二节 大学生创新创业能力培养模式

随着高校扩招，高校每年接收的大学生的数量不断攀升，在这种形势下，便形成了"上大课"的一种授课模式。大学生创新创业课程作为一门公共课，也被纳入"上大课"的模式中，在这种模式下，高校对大学生创新创业能力的培养常常是通过传统的"教师讲，学生听；教师问，学生答"的授课方式完成的。在这种授课模式下，教师一般不会对大学生的个体差异做过多关注，而会将自己置于"知识权威、话语霸权"的地位，在课堂上一味向学生传输一些创新创业的知识，导致了课堂氛围压抑，学生学习的主动性与积极性不高。即使部分学生有创新创业的潜力，在这种"填鸭式"的培养模式下，其创新创业潜力也会受到严重抑制。此外，高校教师在进行创新创业理论知识阐述时，常常会以中等学生水平为参照，造成水平处于两端的学生对创新创业学习与自我能力培

养兴趣的锐减，也扼杀了大学生进行自主探索与学习的积极性与主动性。因此，要培养大学生的创新创业能力，必须先改变传统的"上大课"的模式，转而运用科学有效的培养模式来提升大学生的创新创业能力。从目前的实践情况来看，以项目和社团为载体以及开展个性化案例教学两种模式都会对大学生创新创业能力的培养产生积极作用，因此本节主要介绍这两种培养模式。

一、以项目和社团为载体，培养大学生的创新创业能力

创新意识和创业精神不仅是推动大学生进行创业的内在驱动力，而且是大学生开展创业活动的前提与基础。因此，要培养大学生的创新创业能力，必须注重培养他们的创新意识与创业精神，而要做到这一点，就要让他们认识到在当前的社会背景下，创新意识与创业精神的重要性，要引导大学生不断增强自己的创新意识与创业精神，敢于凭借自己的知识与智慧去进行创新和创业。

除了要培养大学生的创新意识与创业精神之外，高校还应将培养大学生的创新创业能力作为大学生创新创业教育的重点。在创新创业教育过程中，教师可通过向大学生宣传先进的创新创业案例，引导他们增强创新与创业的勇气，以激励具备创新与创业能力的大学生脱颖而出，主动追求自己的事业。

在创新创业教育过程中，大多数高校都是通过课堂教育的形式开展的，这种模式虽然能使大学生掌握一定的创新创业知识，但对培养其创新创业能力而言，仍存在诸多不足。因此，高校可以将课堂教育与实践训练相结合，以项目和社团为载体，通过引导大学生利用项目和社团活动，提高自己的创新创业能力，从而达成创新创业教育的目标。具体而言，高校可以鼓励大学生积极投身各种社会实践活动、社团创新创业活动，以及各类创新创业项目之中，通过这些活动来激发大学生的创新意识和创业精神，以及创新创业的实践能力。此外，高校还可以积极组织各类创新创业沙龙、创新创业能力大赛等，以充分发挥大学生的主观能动性，培养他们的自主创新创业能力。

二、以个性化案例教学培养大学生的创新创业能力

在传统的"上大课"模式下，个性化案例教学为培养大学生的创新创业能

力提供了一个新思路，它是在尊重学生个体差异与个性发展需要的基础上，通过将个性化的教学理念融入案例教学实践中，让教师注重大学生的个性特点，并将其融入大学生创新创业教育之中，从而让学生通过对真实案例的分析与讨论，不断培养他们独立思考的能力、创新思维能力与其他一些创业相关的能力，以增强大学生的创新创业能力。

个性化案例教学模式之所以能在培养大学生创新创业能力的过程中发挥出突出的作用，主要是因为每一个案例都具有其特殊的背景、条件与影响因素，学生通过这些案例，不仅能够了解到一些真实的创新创业环境与背景，学习创新创业者的成功经验或者吸取他们失败的教训，为自己日后的创新创业实践积累经验，而且能使学生通过这些案例不断激发自己的探索精神，通过对类似于"如何解决案例中存在的问题""如果改变案例中的某个影响因素会发生什么样的情况""选择某一种解决方案会让事情有怎样的发展变化"等问题的思考，再加上教师的引导与及时点拨，有利于培养大学生独立思考的习惯和创新思维方式。

此外，个性化案例教学也为学生提高自己的综合创业能力提供了一个间接的实践机会和平台。其原因在于，大多数的个性化案例都是根据现实生活中存在的相对来说比较完整的案例为模板的，学生要想对案例进行深入分析，并回答与案例相关的问题，就需要开展信息搜索—分析信息—进行逻辑思维—提出解决方案—撰写方案报告等一系列活动。在这些活动中，学生的综合实践能力将会得到有效的锻炼与培养。再加上大多数个性化案例教学是以小组作业、集体讨论为主的，它鼓励各个小组成员进行不同分工，并在完成分工组合后，对所要解决的问题进行充分讨论、分析，以相互启发、相互促进，不断完善解决方案，从而得到蕴含着所有小组成员的智慧的方案。而在此过程中，教师也会对学生的讨论与分析进行积极引导，这能在很大程度上开阔学生的思路，使其对案例形成更为深刻的理解，并不断提升自己的组织与管理、沟通与合作等与创新创业密切相关的能力。

在这里需要注意的是，以个性化案例教学模式来培养大学生的创新创业能力，需要教师遵循"以人为本""尊重学生个性发展"和"促进学生自主学习

能力提高"的原则，充分发挥这种培养模式"重视实践与应用""重视对学生创新思维与创业能力的培养与提高"的优势，借助生动、直观、形象、具体、易懂、典型的案例来帮助学生正确认识创新创业的环境，从而激发他们的创新创业兴趣，不断培养自己的创新思维与创业能力。

第三节 大学生创新创业能力培养途径

一、大学生创新能力的培养途径

对于大学生而言，要想成功创业，就必须具有创新能力。创新能力来源于创新思维，它是人们应用发明创造成果开展变革活动的能力。然而，从当前的社会现实来看，大学生目前的创新能力普遍较低，这主要体现在以下四个方面。

第一，大学生虽然具有创新的动机，也具有一定的创新意识，但却不善于利用和创造条件。

第二，随着知识和经验的不断积累，大学生的逻辑思维能力有了很大的发展，思维也比较敏捷，但长期受应试教育制度的影响，大学生的思维方式多是单一的、直线式的，因而在问题的思考上表现得十分死板，思维也不灵活。

第三，大学生虽然有创业的灵感，但却缺少创业的技能。因而这些灵感也只能昙花一现。

第四，通过学习和教师的引导，大学生对创业有了一定的热情，但却对社会缺乏全面的了解，因而导致其创业目标不明确。

针对上述情况，大学生必须不断通过自我训练来培养和提高创新能力，具体而言，可从以下几个方面入手。

（一）培养大学生的创新品格

创新品格是伴随着人的成长、发展所逐渐形成的品性和风格，能够在创新活动或创造学习过程中发挥内在推动作用。因此，大学生可通过培养自己的创新品格来不断提高和培养自己的创新能力。具体来说，大学生可从以下几个方

面入手,培养自己的创新品格。

第一,不断培养自己在创新需要的刺激下的内在心理推动力,以便使自己不满足于已知,以探索未知为乐,把发现、创造看作自己应尽的职责,最终形成积极的创新动机。

第二,自觉地确定目标,并根据目标调节和支配创造性的行动,以及克服困难的心理过程,以便使大学生形成极其顽强的意志和拼搏精神。

第三,不断增强自己对创新活动的喜、怒、哀、乐等种种体验,以便通过不断加强的情感体验来加深对客观事物的认识,最终形成丰富的创新情感。

第四,自觉遵守在创造过程中必须遵守的一些道德行为准则,以便形成健康、科学的创新品德。

(二)培养大学生的创新技能

创新不是一种简单的"包装"现象,它体现的是一种更高层次的能力,需要以各种基础能力作为保障,因此,要想培养大学生的创新能力,就必须使其具备很强的综合能力和综合素质,也就是说,要让他们具备一定的创新技能。创新技能是大学生智力技能、情感技能和动作技能的综合,它能有效地反映大学生的创新技能的高低,这就需要大学生不断提高自己的观察力、记忆力、实际操作能力和把握机遇的能力等基础能力,以便最终提高自己的创新能力。具体而言,培养大学生的创新技能可从以下几个方面入手。

第一,充分利用大学学习与生活中的自由时间进行独立思考和学习。

第二,在大学生活中不断加强包括学习能力在内的各种能力的培养。

第三,要充分利用大学这个人才云集的环境条件,从师长、同学身上汲取宝贵经验,提高学习的能力、接纳吸收新事物的能力。

(三)开设创新课程

由于对创新的重视,一些高等院校开设了适应创新人才的需要和学生创新思维与技能提高需求的创新课程。这些课程大都是从某一学科如心理学、方法论等的角度来探讨有关创新能力培养的各种问题,并常常将一些创造性思维的规律很好地加以总结并有意识地传授给学生,从而帮助他们在创造发明的崎岖

道路上逐渐从必然王国走向自由王国。因此，大学生应尽可能多地参加这些创新课程，主动获取丰富的信息，在实践中收获有关创新的一些知识，在过程中锻炼和提高自己的创新能力。

（四）进行创新思维训练

作为创新能力的核心，创新思维对个人创新能力的影响无疑是非常重要的，只有大学生善于运用创新思维，才能发挥他们的创造潜能。因此，大学生可通过创新思维的训练来培养自己的创新能力。具体来看，进行大学生创新思维训练可从以下两个方面入手。

1. 转化思维方式

正如"塞翁失马，焉知非福"这句谚语所描述的一样，世间万物都是有一定联系的，而这些相互联系的事物大多是可以转化的。因此，大学生在进行创新思维训练时，可通过转化思维的方式将直接转化为间接，将复杂转化为简单，将不可为转化为可为，从而提高自己的创新能力。

2. 改变思考顺序

人们在思考问题时，常常习惯于用固有思维模式，这虽然能使我们较为便利地找到问题的切入点，也能帮助我们解决一些现实生活中存在的普遍问题，但客观现实毕竟是千变万化的，凡事都以这种方式思考未必能真实地体现事物的原貌，展现事物的客观规律，因此，人们应学着改变思考顺序，以便从新的角度找出新的解决问题的方法。例如，有一个老大爷有两个女儿，大女儿嫁给了卖陶的，小女儿嫁给了卖伞的。大女儿希望天天晒太阳，这样陶器干得快，小女儿希望天天下雨，这样伞卖得快。老大爷天天为两个女儿担心，整天闷闷不乐，于是就有人问他原因。老大爷说："我是在和老天爷生气呢。晴天，我小女儿的雨伞卖不出去，就没钱生活了。雨天，我大女儿的陶器又干不了，更卖不出去。老天对我真是不公平呀！"一天，一位智者路过，知道老大爷的心事后，对他说："你为什么不换个思路想呢，天晴了则大女儿的陶器干得快，下雨了则小女儿的伞卖得好。这样不就两全了？"老大爷听了智者的话后，豁然开朗，从此不管天晴还是下雨心情都很好。智者的这番话中就蕴含着逆向思维。

为了不让老大爷整天闷闷不乐，他改变了思考的方向，最终使老大爷天天都开开心心的。

由此可见，当大学生思考一个问题时，若正向思考不能解决问题，则可试着逆向思考，站在问题的对立面，说不定这种思考顺序能将人带入"柳暗花明又一村"的境界。

（五）建立健全合理的知识体系

从实践情况来看，一个人的创新意识可以在短时间内迅速增强，但一个人的创新能力的提高却需要一个循序渐进的过程，在此过程中，扎实健全的知识体系则是个人创新能力提高的基础和前提。之所以这么说，是因为掌握广博深厚的专业理论知识与发展创新能力是密切相关的，一般情况下，掌握的专业理论知识越广博深厚，越有利于个人创新能力的培养。反之则不然，若一个人没有深厚的知识理论做支撑，去空谈创新能力的发展，无疑就成了无源之水、无本之木。大学生要培养和提高自己的创新能力，就需要建立健全的知识体系。具体而言，可从以下几个方面入手。

第一，在课堂教学中有目的、有意识地学好专业理论知识。

第二，认真了解和关注本学科前沿的最新研究信息、动态及成果，努力扩展自身的知识面，拓宽视野。

第三，依托一个专业，着眼于综合性较强的跨学科训练，了解交叉学科知识，以便在优化自身知识结构的同时，发展自己的特殊兴趣，使之能学有所长，以提高创新的积极性。

（六）增强大学生的创新意识

创新是真正意义上的超越，是一种敢为人先的胆识。它突破了原有传统固化的思维模式，使人在超越中获得发展，而其产生则是以创新意识为基础发展起来的。因此，大学生要想培养自己的创新能力，就必须增强自我的创新意识，在日常的学习、生活中要敢于尝试新事物，解放思想，不断增强创新意识。

（七）开展创新教育

作为一种不同于传统教育的新型教育形式，创新教育并不是不以知识积累

的数量为目标，而是在强调合理的知识结构及获取知识的方式的同时，注重对大学生各种能力，特别是创新能力的培养。因此，创新教育并不像传统教育那样，培养的主要是同一规格的人才，而是以培养具有个性特征的创造型、复合型、通才型的创新人才。可见，通过创新教育激发大学生的创新能力是十分可行的。

当前，作为一项开发大学生创新能力、为社会培养创新型人才的教育事业，创新教育得到了越来越多的重视，在国内一定范围内广泛开展，并取得了一定的成绩，但其中也存在一些问题，如创新教育理论研究多，付诸实施少；形式创新多，内容创新少；孤立创新多，整体创新少等。针对这些问题，可从以下几个方面入手。

第一，转变创新教育的观念，树立科学创新的思想基础。

第二，不断提高创新教育的师资队伍水平，为创新教育的实施提供必要的支持。

第三，改革创新教育的管理方式，努力营造适合大学生创新教育的氛围。

第四，改革创新教育的课程结构与教学内容，建构科学、合理的创新教育课程体系。

第五，加强对创新教育的宣传和研究，努力形成全员主动参与创新教育的新局面。

二、大学生创业能力的培养途径

（一）开展创业教育

一般情况下，大学生创业教育一般以树立自主创业意识、培养创业精神、形成创业知识结构、提高自主创业能力、培养创业心理品质为主，这样能够有效地提高和培养大学生的创业能力。因此，创业教育也成为当今世界高等教育领域日益重视的一项工作。然而，要想通过创业教育切实达到培养大学生的主体意识、市场判断力、合作精神和团队意识、创新意识等目标，还需要做好以下几个方面的工作。

1. 优化创业教育的外部环境

创业教育的顺利进行离不开良好的外部环境的支持与配合。而从我国当前的社会现实来看，尽管高等院校是开展创业教育的主要场所，但创业教育的外部环境支撑力度则明显欠缺，具体表现在以下几个方面。

第一，大学生创业前的模拟训练与演练不多，实训基地不多。

第二，政府对大学生创业教育的重视程度仍有待提升。

第三，企业对接纳大学生实习，使其参与到企业的生产、经营过程中的兴趣不高。

这些问题都在很大程度上阻碍了高校创业教育的顺利进行，为了解决这一问题，必须不断优化外部环境，为高校创业教育的开展提供支持。而优化外部环境可从以下几个方面入手。

第一，纠正"创业教育是高等学校和教育部门的事情"的错误观念，将创业教育与高等教育发展、社会发展、企业发展、员工素质发展相结合。

第二，加强政府和社会对高校创业教育在资金、设施、知识产权保护等方面的支持。

第三，不断加强创业教育与企业、政府、教育部门、工商行政管理部门的联系，争取这些部门的支持。

2. 加强创业教育的实践教育

实践是创业教育不可或缺的环节，它不仅是创业教育理论知识传授的必然延伸，同时又对创业理论知识的传授效果有着很强的促进与检验作用。因此，加强创业教育，不仅要重视对创业理论的传授，更要注重对创业实践的训练。

加强大学生创业教育的实践教育，可从以下几个方面入手。

第一，高校应成立专门的创业教育管理机构，对创业教育的实践工作进行指导与协调，促使大学生从创业教育的实践训练中体会自主创业的感觉，形成自主创业体验。

第二，采取"引进来，走出去"的方式，将企业的高级技术人才和管理人才请到高校，对大学生进行技术指导和管理培训。

第三，鼓励、支持高校教师利用实训期、寒暑假等机会到企业进行学习、

交流和理论知识讲授。

第四，充分发挥高校的办学优势，将企业发展与高校创业教育相联系，走校企合作、联合办学的道路。

第五，加强与企业的联系，在一些企业建立本校相关专业的实习实训基地和创业基地。

第六，在条件成熟的情况下，高校可以自办企业，为本校大学生提供实习实训和创业机会。

第七，组织创业大赛，将比赛中脱颖而出的大学生推荐到相关企业进行实习。

第八，鼓励大学生利用课余时间、周末、寒暑假创立一些小型的实体。

第九，在校园内成立创业园，为大学生创业提供一个广阔的平台。

3. 完善创业教育的课程体系

完善创业教育的课程体系可从以下几个方面入手。

第一，搞好课程建设，增加创业教育选修课的数目。

第二，完善教学管理体制，使用以培养学生的综合素质为目标的教学手段，提高大学生的实践能力。

第三，完善高校创业教育的师资建设。

4. 加强创业教育的学术研究

没有实践的理论是空洞的理论，没有理论指导的实践是盲目的实践。可见，要想推动创业教育的发展，一方面，要不断提高其实践训练；另一方面，要不断进行学术理论的研究。

从我国当前的社会现实来看，近年来，随着创业成功案例的不断涌现，创业已经成为市场经济形势下的一个重要环节，引起了越来越多的关注。对创业的关注也导致了对其研究的热潮，大批专家、学者撰写了大量的论文和著作，对创业教育的课程、创业教育的实践、创业教育的方法、创业教育的理论、创业教育的教材等进行了探讨与研究，并取得了可喜的成就。专家、学者们对创业教育领域内各种现象的研究与探讨为进一步进行创业教育的学术研究奠定了良好的基础。

此外，创业活动的进一步开展，一些新的问题也逐渐暴露了出来，对于这些新的问题，也应加强研究，以便为创业活动的发展奠定理论基础。可见，加强创业教育的学术研究也是创业教育活动必须关注的要点。

具体而言，加强创业教育的学术研究可从以下几个方面入手。

第一，不断总结创业教育的经验教训，丰富创业教育的理论。

第二，运用最新的科学理论指导创业教育实践，在创业教育实践中提炼出新的理论。

第三，不断推动创业教育在实践中的发展，构建牢固的创业教育产学研体系。

第四，加强对创业教育活动的内容与过程的理论研究。

第五，加强对工商企业领域创业活动的研究。

第六，借鉴先进创业教育的理论，丰富创业教育的理论体系。

5. 树立正确的创业教育观念

创业教育的成功之处在于其能将培养大学生的创新精神、创造能力和综合素质放在首位，而要做到这一点，就必须树立正确的创业教育观念。也就是说，树立正确的创业教育观念是达成创业教育目标的基础条件之一。正确的创业教育应将创业知识、创业技能、创业精神、创造力都看作教育的重点，并在教育过程中，将这些"软实力"植入大学生的头脑中，使其消化、吸收，并内化成自己的创业素质，这样才能真正使创业教育生根，发芽，开花，结果。

从我国的现实情况来看，在创业教育的观念领域，当然仍存在明显的"教育短视"现象，这主要表现在以下几个方面。

第一，创业教育只重视眼前，忽视长远发展。

第二，创业教育只重视显性的功利，忽视隐性的素质。

第三，创业教育只重视理论，忽视实践。

这种教育观念导致我国高校创业教育虽然树立了目标，但却难以达成目标，因此，必须树立正确的创业教育观念。具体来说，树立正确的创业教育观念可从以下几个方面入手。

第一，高校创业教育应树立全局意识和大局意识，立足现在，着眼未来。

第二，高校创业教育应不断完善创业教育的培养模式，牢固树立以培养创

业基本素质为核心的教育观。

第三，高校创业教育应不断加强对创业实训的重视，通过各类比赛、实训等不断增强大学生的创业实践能力。

（二）大学生自主进行创业能力训练

大学生进行自我创业能力训练，可从以下几个方面入手。

1. 不断提高自己的领导能力

从当前的现实情况来看，大部分大学生并未意识到领导能力的重要性，仅有少数同学在学生会、社团、各类活动中得到了领导能力的锻炼，并初具一定的领导能力。针对这些问题，在大学期间，大学生必须不断提高自己的领导能力。具体而言，大学生提高自己的领导能力可从以下几个方面入手。

（1）提高自己先知先觉的能力

第一，在创业的过程中，大学生虽然可以借鉴前辈的意见，但这种借鉴并不是万能的，而要想在创业的道路上走得长远，就必须具备先知先觉的能力，只有这样，才能在市场上领先一步。

第二，不断学习。只有虚心学习，才能成为一个开放的领导者，才能不断地丰富与发展自己。

第三，敢于超越经验与惯性。如果走不出以往的经验与惯性，那么就会一直在原地踏步，甚至会倒退，自然也就难以先知先觉。

第四，先知先觉的能力的获得还需要创业者有担负责任的意识，必须敢于面对各种不确定的因素与可能的失败。

（2）提高自己的组织能力

领导的基本含义就是要组织好团队成员，这一点对于创业大学生而言，也十分重要，因此，大学生必须不断提高自己的组织能力。

①提高自己为人处世的能力

第一，尊重他人，让别人时刻感觉到自己是重要的。

第二，诚恳待人，以理服人，不弄虚作假，言行一致，表里如一。

第三，保持自己的个性，独立自主，但不固执己见。

第四，克服高傲的心理，承认别人的优秀之处。

第五，遇事有主见，不人云亦云。

②提高自己统筹全局的能力

第一，做好全局的规划，统一思想，凝聚人心。

第二，在做事前做好规划，并按规划行事。行事过程中，若出现紧急情况，则需要随机应变，根据事情的情况，合理调整规划。

第三，多参加一些组织活动，慢慢学习如何统筹全局。

第四，在大学学习和生活中，根据自身的情况，适当给自己压担子，以提高自己的组织与统筹能力。

（3）提高自己的沟通能力

沟通是信息交流、团队建设、开展工作的必需方式。几乎所有的商业类培训都有沟通的课程。这是因为组织内沟通的有效性能够对组织功能的有效发挥起到非常重要的影响。因此，大学生要提高自己的领导能力，就必须不断提高自己与他人的沟通能力。具体而言，大学生提高自己的沟通能力，应做到以下几点。

第一，努力做到设身处地，将心比心，有福同享，有难同当，以不断提高沟通的有效性。

第二，尽量学习一些沟通技巧，以提高沟通的效率。

第三，学会制订沟通的计划，设想沟通过程中会出现哪些问题，以便在沟通前做好预先准备。

第四，学会主动和他人沟通。

第五，在沟通过程中，不要把自己的观点和看法强加给别人。

第六，保持理性、公平、和谐的沟通氛围，沟通切忌情绪化。

第七，沟通过程中，要给他人留足说话和思考的时间。

（4）不断提高自己的人格魅力

创业者只有具有独特的人格魅力，才能具有领袖气质，也才能在员工中形成向心力。因此，大学生要提高自己的领导能力，还应注意不断提高自己的人格魅力。具体而言，可从以下两个方面入手。

第一，要注重将激情化为勇气，推动自身的事业发展。

第二，要注重意志品质的磨炼，培养坚强的意志。

第三，要能够不唯利是图，有高度的社会责任感，有正义感。

第四，要勇于承担，并能与员工同甘共苦。

第五，要有完善的计划，并按计划工作。

第六，要能理解员工和体谅员工的难处。

第七，要有迷人的个性。

第八，愿意承担下属的缺点所导致的失误。

第九，能见微知著。

第十，富有协作精神。

第十一，具有坚定的信心，无论在任何情况下，都能果断地做出决定。

第十二，有创新的意识，并激发员工挖掘新的方案。

2. 不断提高自己的社交能力

从当前的实际情况上来看，受多年应试教育制度的影响，多数学生在进入大学之前，都是"一心只读圣贤书，两耳不闻窗外事"，这种只重成绩的做法不仅造成大批独生子女依赖性强的特点，而且也导致了其人际交往能力的欠缺，因而很多大学生虽然智商较高，但情商却很低，不知道如何与其他人相处，沟通，交流。此外，还有一部分大学生虽然有很强的人际交往欲望，但却不知道在交往过程中表现自己。对于大学生创业者而言，自主创业必须具有一定的社会关系，创业者只有充分地利用这些关系，才能有助于创业活动的顺利进行。因此，大学生要想提高自己的创业能力，还需要不断提高自己的社交能力。具体而言，大学生提高自己的社交能力可从以下几个方面入手。

（1）提高对自我的认识

要想加强自己的社交能力，大学生必须先了解自己，在充分了解自我的基础上，有针对性地提高社交技巧，才能有助于大学生掌握更好的社交能力。具体而言，大学生可从以下几个方面入手。

第一，大学生应客观地认识自己，评价自己。

第二，大学生应客观地评价他人。

第三，大学生应改变被动交往的心态，主动敞开心扉，向交往对象发出友善的信息。

第四，大学生应以积极的观念看待社交。

第五，大学生应不断适应不同的交往环境，不要单凭喜好与人交往，而应以接纳的态度对待他人。

（2）掌握一定的社交技巧

在充分认识自我的基础上，大学生还需要掌握一定的社交技巧，这样有助于大学生在社交活动中更好地表现自己，从而提高社交能力。一般情况下，大学生可从以下几个方面入手提高自己的社交技巧。

第一，在与人见面之初，要给对方留下良好的第一印象。

第二，在与人交谈过程中，要灵活地运用语言艺术。

第三，说话要注意气氛和场合，要讲究分寸，要给对方发表意见的机会，要以友好、热情、礼貌和谦虚的态度表现出对交往对象的尊重和耐心。

第四，在交谈过程中，不要随意打断对方的谈话，不要翻来覆去地讲一件事，不要有粗言秽语。

第五，在倾听对方谈话时，要耐心、虚心和真诚。同时还应给对方一定的回应，以示自己认真倾听的态度。

第六，在交谈过程中要注意把握自己的角色和位置。

第七，可创造条件让双方在时空上更为接近，多找机会接触对方。

第八，可寻找彼此相似的因素，多谈论对方感兴趣的事情。

第九，注意仪表，学会微笑，表情丰富，掌握日常交往的礼仪，举止得体。

第十，养成良好的行为规范，掌握必要的体态语言。

第十一，要学会控制自己的情绪，不过分激动、任性或鲁莽，以免使人尴尬。

第十二，在交往过程中，既不过于懒散，也不过于拘谨或做作。

第十三，要注意保持适当的交往距离。

第十四，要把握对象的特殊性，有的放矢，灵活应对。

第十五，在交往过程中要真诚。

第十六，交往中要克服羞怯等不良心理。

第十七，交往中要表现出对对方的信任。

第十八，交往中要幽默。

第十九，在产生矛盾与冲突时，要注意克制自己。

3. 不断提高自己的分析能力

分析能力是做事情的基础，一个人只有将事情分析清楚才能正确地下结论，定行动。因此，对于大学生创业者而言，分析能力也是其必备的能力之一。

就其内涵而言，分析能力不仅涵盖对事物全面分析的能力，而且涵盖运用逻辑思维能力找出事物因果关系、相互联系的能力。对于大学生而言，提高自己的分析能力可从以下几个方面入手。

（1）预见分析创业过程中的各种问题

诸葛亮之所以能以火烧赤壁来获取赤壁之战的胜利，是因为他对未来做了准确的预见。而这一点预见则成为其重挫曹操80万大军的关键性因素，可见其重要性之强。经商创业与战场作战一样，也需要创业者对市场有一定的预见性，这样才能在市场大潮中先人一步。也因为如此，在创业初期，创业者不能只顾眼前利益，而应有长远的发展眼光，放眼未来，从长期发展的角度规划企业的发展。

（2）学会分析问题

对于大学生而言，只有学会了分析问题，才能将事物分析到位、分析彻底、分析明白。具体而言，大学生在分析问题时，需要注意以下几个方面。

第一，分析时不要过于倾向一针见血，不要过于追求一语道破。

第二，分析时要克服功利倾向。

第三，分析时要避免成见和偏见，要客观面对所有情况和因素。

第四，分析时要摆脱浮躁的情绪。

第五，分析时要注重过程和细节。

第六，分析时要避免先入为主，而要分析数据来得出结果。

（3）在分析之后还要善于制定决策

在对事情进行了详细、客观的分析之后，切不可拖延，以免丧失机会，而应尽快果断地制定决策。在决策制定完成后，就应尽快投入运行。而在制定决

策的过程中，创业者不仅需要根据分析结果与市场资讯和环境的情况，制定出合乎市场的决策，而且也需要保持清醒的头脑，制定正确的决策。

4. 不断增强自己的做事能力

在创业过程中，创业者不仅需要具备专业的知识素养、必要的心理素质、高超的智慧，还需要具备较强的做事能力。从大学生创业者的角度来说，这种做事能力实际上也就是所谓的企业经营能力。

（1）不断提高自己分析并解决问题的能力

大学生在创业过程中需要分析各种信息并做出决策处理，这些错综复杂的事务需要大学生能够系统地找出问题产生的原因，并制定出最有效的措施来解决这些问题。这就对大学生分析并解决问题的能力的一种考验。因此，大学生必须不断提高自己分析并解决问题的能力。具体而言，可从以下几个方面入手。

第一，收集资料并分析，在确定问题存在的客观现实后，将问题具体化，使相关人员明了。

第二，运用管理学的技巧，与部下进行讨论，将问题产生的原因予以归类，并列出解决这些问题的措施。

第三，邀请同人共同参与，将所制定的解决问题的措施系统性地整理出来，然后依据其是否能真正解决问题，是否能获得管理层的支持与认可，是否具有较强的时效性等，将措施予以先后排序。

第四，根据排序的措施，选择影响力最大、推动起来最容易的措施，制订行动计划。

第五，实施计划，并在实施过程中与实施后追踪实施的效果，树立各阶段的里程碑，确保行动达到目标。

（2）不断提高自己的经营能力

要想创业成功，"一技之长"和"商业能力"缺一不可。而从现实情况来看，国内许多的年轻创业者，通常都认为只要自己的技术过硬，就能够在市场上占据竞争优势，从而忽视了对自我经营能力的培养。这也导致他们最终因为不熟悉"游戏规则"而四处碰壁。因此，对于大学生创业者而言，要想创业成功，就必须技术、经营两手抓。例如，很多年轻人都热衷于开餐厅和酒吧，然而其

中的一大批人在经营了一段时间后,就以失败告终,其中大部分原因是缺乏经营能力。因此,大学生要想成功创业,就必须提高自己的经营能力。

(3) 不断提高自己的市场调研能力

一般情况下,大学生创业者在创业前,应先做好市场调研。在瞬息万变的市场活动中,没有系统、严密、科学的市场调研与预测做先导,企业的经营活动将难以达到预期的效果,更难做大做强。因此,市场调研是创业的第一步。在市场调研中,应注意以下两个方面的内容。

第一,在开始创业前,必须对市场竞争状况进行分析。具体分析内容包括:自己所占的市场份额状况、市场需求状况、市场环境状况、产品自身情况、市场竞争情况、市场营销状况等。通过对这些状况的调研与分析,可以使大学生创业者明确企业的目标市场和发展方向。

第二,要了解消费者的状况。俗话说:"顾客是上帝。"因此,大学生创业者必须重视消费者在市场经营中的作用。了解消费者的状况可从分析顾客购买行为状况、消费者的年龄分层、消费者的消费水平、消费者对产品的评价等方面入手,通过对消费者的分析,大学生创业者不仅能够帮助创业者及时发现具有巨大发展潜力的创业项目,而且能够在创业成功后,针对消费者的情况制定一系列的营销手段,促进销售。

(4) 不断提高自己的应变能力

在商场中,应变能力是非常重要的,面对瞬息万变的商场环境,假如创业者不具有足够的应变能力,是很容易吃亏的。这实际上也属于达尔文的"适者生存"学说的范围。

应变能力的重要性不仅关乎创业者会不会在商业活动中吃亏,也与企业的适应力与竞争力的强弱休戚相关。一般情况下,一个企业如果缺乏洞察判断市场发展趋向的能力,缺乏决断应变的能力,那么很容易被卷入各种风险之中,也断送了企业持续发展的动力,自然是难适、难大、难优、难强的。

(5) 不断提高自己的理财能力

创业者能否使企业在商场上立于不败之地,不仅取决于其经营管理能力,也取决于其理财能力。一般情况下,创业最直接的目的就是获取利润,假如

创业者的理财能力不佳，那么不仅不容易获利，还有可能赔本。因此，理财能力也是大学生创业必备的能力之一。大学生培养自己的理财能力可以从以下几个方面入手。

第一，在创业之前应对自己的收入与支出状况进行事先预估。

第二，创业后，应注意从公司经济、市场经济、产业经济的角度出发，对财务问题进行多方面的考察。

第三，创业前要能评价和计量经营风险和财务风险，避免公司承担超过收益限度的风险。

第四，要通晓资本市场的交易规则、各类金融工具的权责关系、举债经营的法律责任以及股份公司的权利和义务等法律问题，还要精通税法。

第五，要注意探讨不同筹资方式下资金成本的计量方法，以及怎样以最低的代价筹集企业生产经营所必需的资金。

第六，要能够准确评价企业的财务状况，预防财务危机。

第七，在理财活动中，应广泛应用高等数学、效用分析、线性规划、概率分析、模拟技术等定量方法。

第四节 大学生创新创业资源的整合

资源整合能力的强弱是衡量大学生创新创业能力的重要指标，其对于企业的成长与发展起着直接的、重要的影响和作用。但是，并不是所有人都具备这种整合创业资源的能力。因此，在高校创新创业教育工作中，必须要重视对大学生创新创业资源整合能力的培养。在这里，主要对大学生创业资源的整合进行专门的分析。

一、创新创业资源的概念

（一）资源

对于创新创业资源内涵的认识应当建立在了解资源的含义的基础上。"资

源"一词在《新华词典》中被定义为:"物资、动力的天然来源。"《辞海》也对这一词语做出了类似的解释:"资财的来源,一般指天然的财源。"但是,经济学认为这些定义并不具有十分清晰的内涵,因此经济学界对其一直进行新的探索。资源经济学将资源划分为自然资源、人力资源、资本资源、信息资源四大类。近期有学者提出了相对广泛的资源概念,认为:"资源是对人类或非人类有用价值或有价值的所有部分的集合,包括自然资源、人力资源、信息资源、科技资源、时间资源、空间资源、社会资源等。"在经济学家眼中,资源在本质上就是生产要素。由于理解"资源"一词的经济学内涵,是科学准确地把握"创新创业资源"这一概念的基石,因此有必要深入分析和正确界定"资源"的含义。本书认为资源是指在一定的社会历史条件下,能够在人类活动中,经由人类的劳动满足人类需求的各种要素。

(二)创新创业资源

创新创业资源是开展创新创业活动的一个必备要素,是影响大学生创新创业成功与否的关键要素,也是大学生创新创业的一个基本的前提条件。在当今学术界,国内外许多研究者对创新创业资源进行了相关的研究,其中一些人还对创新创业资源进行了定义。由于不同的学者进行研究的角度存在差异,因而其对创新创业资源的概念也表现出一定的区别,可谓见仁见智,众说纷纭。

观点一认为,创新创业资源是指创业企业在创业全过程中先后投入和利用的各种物质、能量和信息的总和,有所有资源都具备的可利用价值,是创业者捕捉创业机会与制定创业战略的基础。

观点二认为,创新创业资源是创新创业型企业所拥有或者所能够支配的可实现其生存与发展战略目标的包括资产、能力、组织结果、企业属性、信息、知识在内的各种要素及要素组合。

观点三认为,创新创业资源是创新创业型企业所拥有的或者所能够支配的可实现其生存与发展战略目标的包括资产、能力、组织结果、企业属性、信息、知识在内的各种要素及要素组合。

综上所述,本书将创新创业资源界定为创新创业者或创新创业组织所拥有、控制或整合的各种有形、无形的要素与要素组合。其中,"拥有、控制或整合"

是在描述资源获取与利用的途径和方式;"有形、无形"说明了创业资源的存在形态;"要素与要素组合"是从创造价值的方式和投入产出的角度而言的。

二、大学生创新创业资源的类型

大学生创新创业资源是多种多样的,根据不同的标准,可以对大学生创新创业资源的类型做不同的划分。

(一)根据资源的性质划分

根据资源在性质上的区别,可以将大学生创新创业资源分为社会资源、人力资源、物质资源、财务资源、组织资源以及技术资源。

1. 社会资源

大学生创新创业社会资源指由大学生创新创业者或创新创业团队的人际社会关系网络而形成的关系资源。在中国这样的"关系社会",人与人之间交往遵循的是"差序格局",社会资源对大学生创新创业活动的顺利开展起着至关重要的作用,因为在中国转型经济的社会背景下,通过"关系"等社会资源有助于获取更多的、难以从正常渠道获得的稀缺性资源。因此,与那些社会资源匮乏的大学生创新创业者或创新创业团队相比,具有丰富社会资源的大学生创新创业者或创新创业团队在创业上,往往有较高的成功率。

2. 人力资源

大学生创新创业人力资源指大学生创新创业者或创新创业团队的知识、经验、技能等,也包括企业及其成员的专业知识、志向、判断力、分析力,甚至是大学生创新创业者本身的人际关系网络。大学生创新创业者是企业中最重要的人力资源,因为他们能够从外部环境中看到常人难以发现的机会与威胁。正是因为大学生创新创业者本身的重要性,人们才认为众多大学生创新创业项目之间的竞争,本质上就是大学生创新创业者之间的竞争。

3. 物质资源

大学生创新创业物质资源主要包括创新创业活动过程中所需的各种有形资

产,如土地、机器设备等,也包括一些自然资源,如矿山、森林等。物质资源有时也可以成为大学生新创企业拥有的重要战略性资源,如不少大学生新创企业依靠附近良好的土地资源而获得生存与发展的空间与机会,对于这种新创企业来说,得天独厚的物质资源就是其顺利发展的关键因素。

4. 财务资源

大学生创新创业财务资源包括资金、资产、股票、债券等。对于初创的大学生企业来说,拥有一定数量的财务资源,在很大程度上决定了其能否顺利存活并成长起来。然而,由于大学生新创企业缺乏相应的信用记录,很难从银行、证券等金融服务机构筹集到可观的资金。因此,大学生创业者可以选择从自身的亲朋好友处获取相应的财务资源。特别是在缺乏普遍信任的中国社会,通过亲友关系来获取相应的财务资源也不失为一种十分有效的途径。

5. 组织资源

大学生创新创业组织资源指的是依附在组织内部的资源,通常包括组织架构、组织内部管理制度、组织文化等。虽然组织资源不依附于大学生创新创业者个人或创新创业团队,但是大学生创新创业者个人或创新创业团队却在相当程度上影响着组织资源的构建。有机的组织架构、充分协调的组织内部管理系统、和谐的组织文化等,都是有利于大学生创新创业组织顺利生存与发展的重要组织资源。

6. 技术资源

大学生创新创业技术资源主要包括关键性技术、制造流程、作业系统等。技术资源是创业创新活动中不可或缺的一种资源,特别是在当前"创新驱动""大力发展战略性新兴产业"的时代背景下,技术资源几乎决定着大学生创新创业活动的成功与否。拥有大量的专利技术,不仅是高新技术企业创新活动的前提,而且能够为科技型创业企业的成长提供强有力的保障。

(二)根据资源的作用划分

根据资源在作用方面的不同,可以将大学生创新创业资源划分为核心资源

和非核心资源两种类型。

1. 核心资源

核心资源涉及创新创业企业的核心竞争力,主要包括技术、人力和管理资源。这几类资源是创新创业企业识别、筛选、运用创业机会的关键,必须以这几类要素资源为基点,对创业企业发展的外延进行扩展。

对于企业而言,科技资源属于一种积极的机会资源。特别是对于创新创业企业而言,主动引进和寻找有商业价值的科技成果,是其得以生存和发展的根本,也是参与市场竞争的源头所在。人力资源主要是一种知识财富,是企业进行创新的源泉。创新创业企业得以生存和不断发展的关键在于拥有一批高素质人才。管理资源又可理解为大学生创业者资源。大学生创业者自身所具有的素质在很大程度上影响着创业企业的成长。大学生创业者的个性品质,对机遇的把握,整合其他资源的能力,都对创业的成功与否起着直接的影响和作用。

2. 非核心资源

非核心资源主要包括资金、场地和环境资源。如何有效地吸收资金资源,实现预期的盈利目标,是大学生创业成败的关键所在。场地资源指的是高科技企业用于研发、生产、经营的场所。良好的场地资源能够为企业提供便利的生产经营环境,极大地降低运营成本,可以在短期内找到更多的质优价廉的供应商。而环境资源作为一种外围资源,对大学生创新创业企业的发展也有着举足轻重的影响。例如,文化资源可以促进管理资源的持续发展,信息资源可以为大学生创业者提供优厚的场地等关键性资源,等等。

(三)根据资源的属性划分

根据资源在属性上的不同,可以将大学生创新创业资源划分为有形资源和无形资源两种类型。

1. 有形资源

有形资源指物质资源、人力资源、财务资源等,主要包括与法律相关的资产(合同、商业秘密、许可证、智力资产等)以及法律之外的资产(资料库、声誉、网络)。

2. 无形资源

无形资源从内部维度上可以分为"不依赖于人的资产"和"依赖于人的技能",主要包括技能(供应商技能、分销商技能、员工技能等)以及组织文化(变革管理能力、质量感知、服务感知等)。

(四)根据资源的属权划分

根据资源来源范围的不同,可以将大学生创新创业资源分为内部资源和外部资源两种类型。

1. 内部资源

内部资源主要是大学生创业者自身所具备的能力,能够自由支配和使用的各种资源,如资金、土地、厂房、设备、材料、员工、技术等,甚至也可以是大学生创业者及其员工的时间,也就是人们经常提及的有形资产和无形资产。拥有良好的内部资源,对大学生创业者创业的成败有着重要的影响。具体而言,内部资源主要包括以下几种。

(1)现金资产

现金资产是指大学生创业者本人及家庭能够随时加以支配的现金和银行存款,也包括易于变现的国债、股票等。这就要求大学生创业者需要得到全家的理解、支持与信任,如此才能随时支配资金。但是,大学生创业者也要注意为家庭的日常生活开支留有必要的资金。

(2)房产和交通工具

这种资源既属于创业的硬件资源,也可以作为现金资产的补充。在需要的情况下,大学生创业者可以把房产和交通工具作为抵押品,向银行或其他投资人申请融资。

(3)技术专长

一般而言,技术专长包括以下两种类型。

①有形技术专长

有形技术专长是指已申请成功的发明专利、外观专利、实用新型专利,或

者是某一领域公认的专家，如律师、设计师、工程师、医生、高级美工师等。

②无形技术专长

无形技术专长是指专有技术、科研成果或者对某个特定行业和领域的深入研究。

（4）信用资源

创业者是否具备良好的个人信用、诚信资源，对创业计划的顺利进行起着直接的影响和作用。大学生创业者应该对自己积累的信用资源做一个估量，推测一下根据自己的信用是否有人愿意投资，愿意借钱。

（5）商业经验

商业经验主要是指大学生创业者对市场经济、游戏规则，特别是对即将进入的行业的了解程度。只有对即将进入的行业有深入的了解，看清市场经济的走向，大学生创业者才能顺利地创业，否则，极有可能在创业的道路上接连碰壁。

（6）家族资源

大学生创业者的家族资源主要包括学习机会、经济支持、人脉关系、客户资源、商业经验，这也说明了家族资源是介于内部资源与外部资源之间的资源。

2. 外部资源

外部资源指的是创业者或者是创业企业并不具有归属权，但是通过某些利益共同点而可能在一定程度上加以配置和利用的各种资源。常见的外部资源如销售商、广告商、材料供应商、技术供给者等，实际上就是商业环境中的相关条件性资源。在必要且条件成熟的情况下，大学生创业者为了减少交易成本，可以通过技术性的安排，将某些外部资源转化为内部资源。这里着重阐述以下两种重要的外部资源。

（1）职业资源

职业资源是指大学生创业者在开始创业之前所积累的各种资源，主要包括项目资源和人际资源，这对大学生创业者创业成败有着至关重要的影响。从职业资源入手进行创业，充分利用原先在工作中建立的关系，符合创业活动"不熟不做"的特点，特别是在国内目前还没有普遍认同和执行"竞业避止"法则的情况下，职业资源已经成为创业活动获得成功的一大法宝。

（2）人力资源

人力资源是大学生创业者构建其人际网络或社会网络的能力，可能是外部资源中最重要的一种资源。对于大学生新创企业而言，人际关系起着十分关键的作用。大学生可以利用且效果明显的资源主要有同学资源和朋友资源等。

三、大学生创新创业资源的特征

（一）创业者在创新创业资源中的作用举足轻重

创业者对创业的信心和决心与企业的目标策略、发展方向密切相关。因此，可以说创业者是最重要的创业资源。雇员的素质也是一种重要的人力资源，因而大学生创业者可以利用个人的人格魅力、市场的影响力影响雇员，使之全身心地投入工作之中，同时在工作中发挥创造性，推动创业的成功。

（二）创新创业资源多为外部资源

通常情况下，企业在成立之初，并不具备充足的内部资源。为了解决内部资源短缺的问题，降低公司运营成本和投资风险，加强公司在市场竞争中的优势和稳定性，大学生创业者必须把外部资源转化为内部资源。

四、大学生创新创业资源的整合原则

（一）选择机制创造经济租金

创造经济租金是创业者整合创业资源的根本目的所在。因此，创造经济租金的机制将会直接影响资源整合的战略选择。学者们一般认为，资源攫取机制和能力构建机制会在一定程度上影响新创企业创造经济租金。其中，资源攫取机制是通过探索尚未被人们开发出来的新资源或者被人们所一直低估的已有资源来创造经济租金。有观点认为，资源攫取是创造经济租金的主要机制，企业必须拥有出色的攫取技能，即比资源市场中的其他对手更准确地评价资源的未来价值，从而购买到生产率高的资源，而这些都发生在企业拥有资源所有权之前。资源攫取技能不仅帮企业选择好的资源，也帮企业避免选择不好的资源。顺•彼得（Shun Peter）则认为，在能力构建机制下，管理者依靠设计和建造适宜

的组织系统去提高生产率，即在现有资源的条件下更好地利用现有资源。

从本质上来说，资源攫取机制和能力构建机制并不是相互排斥的，很多企业通常同时利用这两种机制来创造经济租金。大学生创业者在最初创业的时候，可以创造性地运用现有的资源，即以能力构建机制为导向，在整合资源的过程中采用开发现有资源的战略；随着时间的推移和创业进程的加快，大学生创业者需要获取新的资源，才能满足需要，这就要求大学生创业者以资源攫取机制为引导，对资源进行判断和选择，在整合资源的过程中采用探索潜在资源的战略。

（二）设置科学、合理的利益机制

通常情况下，资源大多与利益有着密切联系，大学生创业者可以获得家庭成员的帮助和支持，主要原因就在于家庭成员之间不但是利益的相关者，而且还是一个利益整体。既然资源与利益具有十分密切的关系，大学生创业者在整合资源时就一定要设计出对资源整合有利的利益机制，继而协同资源提供者，借力发展。因此，整合资源需要尽可能多地找到利益相关的组织或个人。同时，分析这些利益相关者是否与自己以及自己想做的事情有利益关系，利益关系越直接，意味着整合到资源的可能性越大，这也是资源整合的基本前提。

五、大学生创新创业资源的整合方法

创业者能否整合到资源，能否对资源进行合理利用，在很大程度上决定了创业活动能否顺利开展。许多大学生创业者在创业初期只能获得极少的能够利用的资源，而优秀的创业者则能够对资源进行创造性的整合和运用，为企业的生存和发展带来竞争优势。

一般来说，与成熟的大公司、大企业相比，大学生创新创业企业拥有的资源相对不足。但是，大学生创业者的独特创意等资源，是不可多得的战略性资源，是企业发展的优势。因此，对大学生创业者来说，不仅要借助自身的创造性最大化利用有限的资源，而且要用自己的智慧来获取和整合各类战略资源。

（一）善用整合资源的技巧

创业总是与创富、创新等联系在一起。为了确保创新创业企业得以持续发展，

大学生创业者必须努力发挥自己的聪明才智，利用有限的资源获取最大的价值。

1. 学会拼凑

很多成功的创业者都可以称得上拼凑高手，他们在已有元素中加入一些新元素，进行重新组合，形成利用资源的创新行为，进而可能产生出乎人们意料的效果。创业者往往利用一切资源进行创业，运用自己的智慧和技巧对那些看似无用的资源加以整合，从而发现了新的商机。

此外，被冠以拼凑高手的创业者十分善于创造性地整合并利用各种资源的属性，以应对新情况。而且，这种整合常常是没有预先规划的。这也正体现了创业活动所具有的不确定性，并对创业者整合资源的能力提出了更高的要求。

2. 步步为营

步步为营就是指创业者分多个阶段投入资源并在每个阶段投入最有限的资源。这一策略主要表现在以下两个方面。

一方面，应该尽可能地减少对外部资源的依赖，降低企业生存与发展所承担的风险，有力地控制所创企业。实际上，步步为营的策略不仅具有最经济的特点，也是创业者在资源有限的前提下寻找实现企业可持续发展的良方。善于步步为营的创业者会逐渐形成一种审慎控制与管理的价值理念，这对新创企业的成长影响巨大。

另一方面，要大幅度地降低资源的使用量以及企业运营与管理的成本。但是，过分强调降低成本，不注重新产品的开发与研究，忽视环境保护，就不能保障企业的产品和服务的质量和竞争力，不利于企业的长远发展。所以，创业者要有原则地降低成本。

（二）发挥资源的杠杆效应

尽管受到资源方面的限制，但优秀的大学生创业者往往善于利用关键资源的杠杆效应而能够成功创业。这主要表现在用一种资源补足、撬动、获得另一种资源，从而创造出更高的价值。

对于大学生创业者而言，容易引发杠杆效应的资源主要是社会资本、人力资本等非物质资源。

1. 社会资本

社会资本是社会成员从社会结构中获取的利益。在个体层面分析，社会资本是嵌入、来自并浮现在个体关系网络之中的真实或潜在资源的总和，它有助于个体开展目的性行为，并为个体带来行为优势。善于进行社会交往的创业者能够获取更加丰富、多元的商业信息，从而对特定的商业活动有更深入的认识和理解，有助于创业者识别和把握常人难以发现的市场需求，进而获得财务资源和物质资源，这就是社会资本所产生的杠杆作用。

2. 人力资本

人力资本的组成部分包括一般人力资本与特殊人力资本，前者包括个人的性格、思想品质、受教育背景、技能、实践经验、校友、老师等；后者包括产业人力资本与创业人力资本，对资源的获取起着直接的作用，而且拥有这种资本的创业者能够更快地对资源进行整合，进行市场交易和市场竞争。

六、大学生创新创业资源的获取途径

大学生获取创新创业资源包括获得市场信息、政策信息、创业计划、资金、技术人才等。下面将对这些资源的获取途径进行分析。

（一）获取市场与政策信息的途径

大学生创新创业企业获取市场与政策信息的途径主要有互联网、同行创业者、图书馆、新闻媒体、政府机构、专业信息机构等。这些市场与政策信息十分杂乱，大学生创业者应该根据自己新创企业的实际情况进行合理的选择。

（二）获取创业计划的途径

创业计划的途径在很大程度上决定了创业者能否取得成功。大学生创新创业企业获取创业计划的途径主要有以下几种。

第一，创业者自己构思和编制创业计划。

第二，创业者构思自己的创意，然后委托专业机构研究、编制创业计划。

第三，吸引有创新想法、有设计理念的人加入，使其成为新创企业的成员。

第四，购买他人良好的创业计划，并对其进行修改和完善。

（三）获取资金的途径

创新创业企业获取创业资金的途径，主要有以下几种。

第一，采用所有权融资的方式。

第二，争取政府的资金支持。

第三，依靠自己的亲人、朋友来筹集资金。

第四，向银行贷款。

第五，抵押私人资产。

（四）获取技术人才的途径

大学生创新创业企业主要有以下几条获取技术人才的途径。

第一，吸引技术性的人才加入创业团队。

第二，购买未完全成型的技术，在其基础上对其进行完善。

第三，购买他人的成熟技术，并分析其市场寿命。

第三章 大学生创业指导

第一节 创业的方向选择与项目实施

一、创业方向的选择

创业对大多数人而言,是一件极具诱惑的事,同时也是一件极具挑战的事。不是人人都能成功,但是,创业也并非想象中那么困难。任何一个想成功的人,倘若他知道创业需要策划、技术及创意,那么成功已离他不远了。

(一)要有创业梦想

大学生完成学业并就业后,如果是在已有的岗位上施展自己的才华,以求生存和发展,工作中通常只需要考虑如何履行好本岗位的职责,而不需要考虑企业人、财、物的管理,除非其通过努力获得了一定职位。而创业则完全从零开始,从设立企业的可行性研究分析到筹备、运作都必须按照自己的意志和实际能力去设计和把握事业发展的进程。这就需要创业者有远见卓识、超人的智慧及挑战风险的勇气,并能把握自己的实际资本。此外,还需要创业者不断了解市场的竞争态势,及时调整对策,力求将风险转化为机遇。

为了获取经验,大学毕业生应该树立起"先就业,后择业,再创业"的新意识,走一条面对现实,先融入社会再寻求发展的道路。"先就业,后择业,再创业"就是指大学生毕业时,只要有条件基本合适的单位接纳,就应该采取先工作的方式,实现就业。工作一段时间后,如果认为工作不合适,可以重新选择就业。有了一段就业和择业的工作经历,自己各方面的能力都有所提高,当主客观条

件都具备后，可以考虑走创业这条路。

1. 进入欲创业的行业，了解现状

当你确立了创业志向后，不一定能立即实现，除了创造必需的条件外，还必须在思想上做好准备。

（1）要有创业的坚定信念

信念具有不可思议的力量。缺乏坚定的信念可能会使人裹足不前。

（2）要树立终身创业的意识

创业就是激励自己，最大限度地开发自己的潜能，发现通往成功的潜在时机。创业就是创造，创造新的就业岗位，创造新的成功机遇，创造新的富于挑战的人生。只有立志不断创造，才能提高创业成功的概率。

（3）勇敢地走向市场，走向竞争

在瞬息万变的社会里，只有适者才能生存。因此，为了达到上述目的，必须一步一步地进行心理激励并重新认识自我。有了创业的志向，但主客观条件不具备时，可以先就业。即使从事的工作与创业的志向不一致，也必须为解决基本生活问题先稳定下来。当基本生活有了保障，并对现有工作不满意而再择业时，应进入欲创业的行业。目的是观察、了解和熟悉该行业。因为熟悉特定的行业是创业成功的基础。仔细观察各行各业，赚钱的关键是"熟悉"。对一个行业熟悉到一定的程度，研究它的规律，具备比较成熟的业务关系和一定量的资金，就可以自己创业了。

由此可见，创业成功者的秘诀就是对行业的熟悉再加上勤奋和自信心。所以不要担心自己不如别人聪明能干，因为多数人的智商差别不大。许多工作、许多行业需要的是脚踏实地地熟悉业务的普通人，而不是天才。只有熟悉以后，才能总结出规律，找到成功的诀窍。

2. 在实践中修炼自我，把握时机

对欲创业的大学生而言，修炼自我的过程，单凭在学校中的学习是不能完成的，也很难有条件在自己的企业中完成，绝大多数人只能通过打工的方式在别人的企业中完成，这是修炼自我的基本途径。

最好是在小公司、小企业中工作，这样就可以全面熟悉所需知识和各个经营运作的环节，而不会有盲点。熟悉之后要面临特定行业，全面分析，以研究自己的长处和不足，确定适合个人特点的做法。

欲创业的大学生具体应从哪些方面修炼自己，掌握创业的本领呢？

（1）了解和熟悉企业产品的生产工艺、原材料购进渠道、产品的销售渠道

这是欲创业者应具备的基本常识，即明确生产什么、如何生产、原材料从何而来、产品又如何销售出去等问题。

（2）了解该企业产品的特点、优势与劣势

不同的企业生产的同类产品，除具有相同的基本功能外，通常都有各自的特色。大学生创业者应通过比较分析，博采众长，设计出更能满足消费者需求的产品，为创业做好产品准备。

（3）了解企业的机构设置和管理方式

企业管理界有一句话："管理无定式。"意思是说，企业的管理没有固定的模式可循。因为不同行业、不同产品、不同的技术条件，甚至不同的地域和人文环境都会影响管理方式和组织机构的设置。所以，对未来企业的管理设想不能局限于现有理论或某一企业的模式上，应了解现有企业的管理，分析其不足之处，总结经验，为欲创企业的管理做准备。

（4）预测市场前景

在企业各部门工作都有机会观察市场的需求变化，预测产品的市场前景。因为任何一种产品都有其生命周期，在产品成长期进入该行业，风险最小。了解和掌握这些规律，就会为成功创业打下良好的基础。

3. 发挥自己的知识优势和特长

随着知识经济时代的到来，人类社会将进入知识社会。知识创业是促进科学技术进步和高新技术产业化的决定性因素。经济的知识化和知识的资本化使创业行为发生在社会生活的各个角落，使创业成为更多知识工作者的最佳选择。在科学技术日新月异的今天，无论从创业行为产生的价值或是从产生这种价值的机会衡量，几乎都是无限的。由于计算机、通信等信息技术的发展，改变了人们对时间、空间、知识（智力）的理解，同时也改变了人们对需求、市场、

管理、价值、财富等概念的基本认知。人类正在走向知识经济时代，这使得创业形式也呈现出多样化的趋势，一些新的创业形式纷纷出现，包括大公司创办的小公司、学生创办的公司、个人公司、为一个客户服务的公司等。大学毕业生作为知识工作者中的一分子，在创业过程中应充分发挥自己的知识优势。

4. 行动是成功的先导

我们每个人都崇拜成功者，尤其在小的时候，可长大后却发现许多成功者原来只是曾经生活在我们身边的普通人。我们很了解他们，如果抛开传媒的渲染，要我们崇拜他们，还真不知崇拜什么。他们比我们聪明或者条件比我们好？当我们冷静地思考后，发现答案只有一个：他们行动了。行动使他们增长了才干，行动使他们获得了成功。特别是对于与人交往的学问，实践才是最好的导师。要获得创业的成功，就要亲身去实践。我们应该崇拜成功者，崇拜他们敢于行动、不懈行动的精神。有行动才可能有成功。行动说起来容易，做起来却很难。行动就要克服懒惰，行动就可能遇到难以想象的困难和挑战。能行动也是一种能力，行动才是对你是否真正具备自信和勇气的严峻考验。

创业的开局方案是以可行性研究的结果为基础制订的创业实施计划。进行产品或项目的可行性研究是为了保证创业投资行为的正确性，对投资项目的必要性、可能性和经济效益所进行的认真分析就是在投资项目建立和选择的过程中由浅入深、由粗到细分步完成的。首先，是机会研究，即创业者对投资的初步设想所进行的概括性分析，以便确定投资的必要性和可能性。其次，是初步可行性研究，它是在有了项目概貌的基础上，对关键性的问题进行专题研究，如市场的需求问题等。最后，是详细地进行可行性研究，它是在认真调查、掌握足够信息资料的基础上，对项目进行系统分析，其结果应是诞生一个或几个认为较优的方案。创业者通过对不同方案利弊的比较，进行选择。

（二）谨慎选择、注重开局

1. 谨慎选择行业

特长是一个人最熟悉、最擅长的某种技艺，它最容易表现一个人在某一方面的能力和才华。事实证明，能够发挥自己的最大特长的事业是最容易取得成

功的事业。因此，当一个人选择了能够发挥自己的最大特长的事业时，实际上就意味着已经走在了成功创业的道路上。那么，如何将特长作为创业时选择行业的根据呢？

（1）搞清楚自己有哪些特长

无论自己的特长是不是自己的爱好，都要清清楚楚地了解它们。有些人可能说，我什么特长也没有。其实这些人并不真正了解自己，因为不管是什么人，他都有一定的特长，没有任何特长的人是没有的。只要认真地去发现和挖掘，就会发现自己的特长。例如，善于唱歌、善于写作、善于用人等。不要小看这些特长，它们有时会使你获得意想不到的收获。所以，在走上创业之路之前，要先尽可能诚实并客观地回答这样几个简单的问题：我究竟有哪方面的特长？我的这些特长能作为我创业时选择行业的依据吗？了解自己的特长，并确定这些特长是否就是你的爱好，就可以很从容地对自己将要从事的职业做出选择。

（2）选择特长中的特长

一个人往往具有许多方面的特长。例如，喜欢写作或擅长进行商业咨询或生物学研究等。在选择创业行业之初，往往觉得有些眼花缭乱，可能在心中设计成创业的各种方案，但要在多个方案中做出最优选择似乎并不十分容易。其实，选择方案的过程就是对自己的选择过程，即在许多方面的特长中，选择自己特长中的特长。这样就能尽快把自己的最大特长转化为创业行为，并在创业致富的道路上不断走下去。什么是特长中的特长？就是最能体现自己创造力的特长，它不仅包括自己所熟悉的某种手艺或某一方面的知识，还包含自己的兴趣。如果在选择创业时，将自己最感兴趣的、能够体现自己创造力的特长作为首要的选择目标，那么，创业就不会轻易地失败。

如何选择创业行业并没有统一不变的模式。不同的人，所处的社会环境不同，选择创业行业的标准也不同。创业行业的选择，不仅是一个理论问题，更是一个实践问题。当然，创业行业的选择还有许多应该考虑的因素。例如，社会风尚、国家关于创业的有关法律条文和个人的投资能力、资金状况等。

2. 精心制订开局方案

创业开头难，开个好头更难。开头顺利会增强自信心，可以继续干下去，

随着经验的日趋丰富,实力的日益雄厚,事业越干越大,做起生意来就会更顺利、更容易。如果出师不利,就容易对创业丧失信心。其实,对开头能否干好过分担忧、过于恐惧也是不必要的。

(1) 头三脚不好踢,遇到挫折是正常的

经过一次又一次的失败,逐渐掌握了事物的规律,成功的概率大了,失败的概率就小了。什么事都是由不知到知,由知之不多到知之甚多,这个过程就是不断失败,而后取得成功的过程。创业者要先有心理准备:宁愿多考虑失败了怎么办,而不要把开局设想得过于美妙,这样,即使开头不顺利,也不会就此一蹶不振,而会振奋精神,总结经验,接受教训,由不会做生意到会做生意,由赔钱到赚钱。

(2) 经济活动有规律可循

经济活动毕竟是有规律可循的,只要认真地研究与观察,经济活动规律是可以被认识的。按照规律办事,一开始可能就会取得成功,即使不成功,也不会败得很惨。在创业初期受挫折的例子固然有,但是,一开始就旗开得胜的先例也不是没有,事在人为。

(三) 找准创业的着眼点

大学生创业有优势,也有局限性。大学生思维活跃、充满活力,喜欢接受新鲜事物,在学校的学习使大学生具备了一定的专业知识,但由于没有进入社会,商业意识、社会经验及企业管理、财务及营销等方面的知识都比较欠缺,因此大学生在创业方向的选择上应扬长避短,寻找适合自己发展的道路。

1. 做自己感兴趣的事

成功创业必须要有创业的热情,选择创业的领域可以从自己热衷的领域入手。做你所爱的,爱你所做的。当做自己喜欢做的事情时,人们会投入极大的热情,也容易取得成功。同时,要尽量做自己熟悉的事情。俗话说:做生不如做熟。创业要尽量选择自己熟悉的事情来做,特别是在创业初期,能否做下去,在很大程度上还取决于创业者对这个项目的熟悉程度。隔行如隔山,要扬己之长避己所短,每个行业都有其自身的经营之道,如果创业涉及自己并不熟悉的领域,

一定要慎之又慎，不要盲目从事。我国古代著名的军事家孙子说过：知己知彼，百战不殆。对于创业者而言，"知彼"是了解整个职场的情况，"知己"则是盘点好自己的知识、兴趣等，换言之，就是要在摸清自己的职业兴趣类型归属的基础上，合理选择好创业目标。

2. 做自己擅长的领域

作为大学生，可以根据自己的兴趣爱好，结合专业，在自己擅长的领域进行尝试，创业的领域大致有如下几个。

（1）高科技领域

身处高新科技前沿阵地的大学生，在这一领域创业有着近水楼台先得月的优势，"网易""腾讯"等大学生创办企业的成功，就是得益于创业者的技术优势。但并非所有的大学生都适合在高科技领域创业，一般来说，技术功底深厚、学科成绩出类拔萃的大学生才有成功的希望。有意在这一领域创业的大学生，可积极参加各类创业大赛，获得脱颖而出的机会，以期吸引风险投资。

大学生思维敏捷，年轻且有活力，能跟上网络发展的步伐，容易发现互联网的商机，具备互联网创业的优势。另外，大学生多元化的个性比较适合互联网企业扁平化、相对自由的管理模式。比如网络服务、游戏开发等。

（2）智力服务领域

智力服务包括家教服务和设计。在智力服务领域创业，大学生游刃有余，智力是大学生创业最先掌握的资本。例如，家教领域就非常适合大学生创业，特别是师范专业的大学生。一方面，家教是大学生勤工俭学的传统渠道，积累了丰富的经验；另一方面，大学生能够充分利用高校教育资源，更容易掘到"第一桶金"。智力服务成本低、见效快，确实是个很好创业的方向。比如家教、家教中介、设计工作室、翻译工作室等。

（3）连锁加盟领域

在相同的经营领域中，个人创业的成功率低于20%，而加盟创业的则高达80%。对创业资源十分有限的大学生来说，借助连锁加盟的品牌、技术、营销、设备优势，能够以较少的投资、较低的门槛实现自主创业。但连锁加盟并非"零风险"，在市场鱼龙混杂的现状下，大学生涉世不深，在选择加盟项目时更应

注意规避风险。一般来说，大学生创业者资金实力较弱，适合选择启动资金不多、人手配备要求不高的加盟项目，从小本经营开始为宜。此外，最好选择运营时间在5年以上、拥有10家以上加盟店的成熟品牌。比如快餐业、家政服务、校园小型超市、数码快印站等。

（4）商铺经营

大学生经营商铺，一方面，可充分利用高校的学生顾客资源；另一方面，由于熟悉同龄人的消费习惯，因此入门较为容易。正由于走"学生路线"，因此要靠价廉物美来吸引顾客。此外，由于大学生资金有限，不可能选择热闹地段的店面，因此推广工作尤为重要，需要经常在校园里张贴广告或与社团联办活动，才能广为人知。比如高校内部或周边地区的餐厅、咖啡屋、美发屋、文具店、书店、洗衣店等。

（5）在农村创业

很多人可能觉得大学生不适合到农村发展，实际上，在我国农村还有大量的商机没有开发出来，大量的地方特产没有商品化。大学生凭借自己所学的知识，脚踏实地地深入农村，特别是回到家乡，定能发现农村创业的巨大商机。当然，大学生到农村去必然要克服一系列困难。可能来自农村的大学生相对适合到农村创业。比如农产品加工，科技养殖等。

如何能抓住创业的契机，并且能够根据自己的具体条件创业，是创业成功的前提。

二、创业项目的实施

大学生如何选择创业项目，是一个重要的环节，选择项目的好坏，是决定创业是否成功的关键。

（一）发现商机

在市场调查当中，从平凡细微之处中发现商机。

1. 市场环境调查

市场环境调查是指在比较大的范围和比较长的时间内，对企业经营活动发

生影响的宏观因素所进行的调查。进行市场调查的目的是发现市场可以进行创业的机会，以及可能存在的威胁，避免走弯路。

2. 人口环境调查

人口环境调查是环境调查中比较重要的内容。在一些市场经济发达的国家，市场所在地的人口环境调查被认为是市场调查的首要因素。人口环境调查的主要内容包括人口数量的调查、人口构成的调查、人口流动和迁移的调查、家庭生命周期的调查、家庭结构变化的调查等。创业者可以通过对人口环境的调查，进行市场细分，寻求创业机会。

3. 经济环境调查

经济环境是指国家和地区的经济发展速度、消费信贷政策、居民的经济收入和储蓄习惯、消费构成等环境因素。其中，居民的经济收入是构成市场容量的第二因素，也是进行市场细分的主要标准之一。经济环境调查的具体内容包括国家和地区的经济状况调查，消费者情绪调查、购买能力调查，市场容量及相关状况调查，科技环境调查，行业环境及进、退调查。

（二）创业项目分析

1. 以社会需求为导向

选择国家产业政策支持的新兴产业。社会是创业的大舞台，要想在社会大舞台上获得创业的一席之地，就必须急社会发展之所急，供社会发展之所求，使创业目标与社会需求保持一致。只有这样做，社会才能支持你的创业行为，认同你的创业成果。大学生要摒弃职业有贵贱的错误观念，也不能单纯以个人意愿出发，应以社会需求作为确立创业目标的首要依据，力争在社会发展的大舞台上有所作为。

2. 所选项目应与自身专业特长相一致

不同的行业因其性质、特点不同，对创业者的能力、素质、知识水平的要求也不同，而任何人都不是全才，精于此，往往疏于彼，因此，创业者在选择创业目标时，必须正确地认识自己的能力倾向及优势所在，力求与创业领域的

具体要求相匹配。

3. 选择自己感兴趣的领域

兴趣是干好一件事情的动力之一。根据自己的兴趣确立创业目标更容易使自己的创业走向成功。当然，人的兴趣并不是绝对固定不变的。由于诸多原因，有时选定的创业目标与自己的兴趣不完全符合，在这种情况下，就应当尽量从与自己兴趣相近的领域中进行选择，并培养起自己的职业兴趣。否则，完全拘泥于自己现有的兴趣，反而会作茧自缚而错失创业良机。

（三）寻找创业决策的切入点

1. 从见效快的项目做起

让创业投资尽快产生效益，这是创业者的共同心愿，但见效的快慢是相对的。专家们从六个方面提供了参考性意见。第一，小型比大型好。小型项目投资少，形成生产能力快，运作环节相对较简单，一旦出现明显的行业风险，就显现出优势了。第二，轻工优于重工。从产品设计到产出的过程较短，投资风险较小，有望在较短时期内见效。第三，餐厅和食品优于一般用品。第四，做女人的生意比做男人的生意更能赚钱。第五，小孩比大人更容易形成新的市场消费热点。第六，"专"比"杂"好。

2. 从干小事、求小利做起

经济生活中有一条规律是得到大家认同的，即风险与收益是成正比的。一般而言，风险大，收益也大；风险小，收益也小。对于已经有了一定基础，有能力发展多项业务的公司，为了开拓发展空间，扩大盈利层面，有时大胆去冒一点风险，也是值得的。然而，对于刚刚涉足创业门槛的大学生来说，创业的资本还不雄厚，经验比较欠缺，应该避免参与风险大的投资，而应该将为数不多的资金投于规模较小，但风险也小的事业中去，先求小利，而后，依靠滚动发展再赚大钱。不少企业家开始创业时，做的都是极不起眼的小本买卖，然而，稳扎稳打，步步为营，大事就在逐步发展中与你相约。

3. 关注借助学校品牌的项目

这类项目主要包括：各类教育与培训；成熟的技术转让；各种专业咨询；利用优势的服务项目，如家教服务中心，成人考试补习，会议礼仪服务，发明家俱乐部，等等。创业凭一时的冲动是不能成功的，还要有创业的一系列准备才能起步。

第二节 大学生创业的基本流程

大学生创业并不存在固定不变的程序和步骤，如创业计划的拟定，创业项目的选定，企业取名和登记注册等，这些程序和步骤既可同时进行，也可先后排序。

一、创业前期工作

选定项目之后，大学生创业者还需要做具体的创业准备工作。

（一）了解具体商品或服务的需求情况

①需求总量调查，例如，某大学毕业生李丰打算在某小区内开一家水果店，需要先预算出顾客的需求水平。那么他可以先统计出小区的人口总数，再调查出该小区人均消费在水果上的费用，将其乘以小区人数，即可预算出顾客的需求水平。②需求结构调查，主要是了解顾客购买力投向，根据居民收入水平进行分类，测算出居民购买力的各类投向。③需求季节调查，主要是了解需求的季节性变化规律。④需求动机调查，主要是了解顾客购买产品时的购买动机，是求名心理、求新心理、求廉心理还是求实心理等。

（二）了解具体商品或服务的竞争情况

需要了解的情况包括国内外及所在地段的竞争对手的数量、生产或经营状况、劳动效率、优势和弱点、竞争策略，以及潜在的竞争对手等。

（三）做好价格预测

在调查活动中，价格是需要考虑的重要因素之一。通过分析，测算出价格变动对于拟投资项目总投资的影响程度，从而预先采取积极的应对措施，争取在剧烈的价格波动中始终占据主动地位。

（四）设定生产或经营的商品销路

要想掌握商品今后的销路，需要综合了解多方面的情况。除了所生产或经营商品本身的特点，包括商品设计、性能、用途、造型、包装、安全性、生命周期、新产品开发等要点，还要了解顾客构成、需求水平、竞争态势、购买心理和购买习惯等各项因素。

二、筹措资金

大学生创业的最大障碍是缺乏资金支持。事实上，创业资金可以通过多种渠道获得。

（一）亲友投资和个人积蓄

大学生创业者目前选择最多的融资渠道是亲友投资和个人积蓄。我国创业成功者中，不乏利用这两种方式获取创业启动资金的例子，如网易创办人丁磊的起步资金就是他本人的 50 万元积蓄。大学生创业者和其家庭承担全部资金投入，也必然承担巨大风险，这使许多大学生对创业望而却步。

（二）风险投资

风险投资（venture capital，VC）是由职业金融家投入到新兴的、迅速发展的、具有巨大竞争潜力的企业中一种权益资本。

（三）银行贷款

小额（担保）贷款，是国家为解决有创业意愿、有创业技能的符合条件人员对创业资金的需求，由政府拨付专项资金提供担保和贴息，金融机构发放的从事个体经营自筹资金不足的贷款。中国人民银行、财政部、人力资源和社会保障部联合下发《关于进一步改进小额担保贷款管理积极推动创业促就业的通

知》，将高校毕业生列为发放小额贷款的对象之一，各省也纷纷出台了相应的小额贷款政策。大学生可以关注和查询相关信息，或向相关部门进行咨询。

（四）政府科研/创业基金或优惠贷款

大学生也可以通过众多社会渠道获取资金支持，其中较为便捷的方式就是申请大学生创业基金。大学生创业基金种类繁杂，但大多由政府机关与大企业联合建立，有些高校和社会团体也成立了大学生创业基金，以帮助大学生创业者解决资金问题。申请大学生创业基金需要具备相应条件，需要大学生特别关注相关规定，深入了解大学生创业基金的申领方式。

大学生创业还有一些其他的融资方式，如信托投资公司和典当行等非银行金融机构，这些金融机构融资方便、快捷。合伙投资创业由于共同出资减少了风险，也广受大学生创业者的欢迎。

三、拟定创业计划

一个缜密翔实的计划是良好的开端。一个完整的创业计划应包括以下内容。

（一）整体概念陈述

包括创业点子的介绍、对获利潜能和可能风险的评估。

（二）产品与服务

产品或服务内容的描述应涵盖制造过程中的各项成本、名称或所需的包装，以及任何独特或极具竞争力的有利条件。另外，计划本身也要记录产品或服务的保证措施和要进入这一行业时可能会遭遇的阻碍。

（三）创业团队

创建一个企业需要做的事务非常多，创业团队的人员结构要合理。要有专司组织协调的人员、技术人员、财会人员、营销人员、生产组织人员等。在创业初期，即使没有办法集合到足够专业的人员，但所承担的业务也必须分摊到个人身上。许多创业者不能选择合适的合作者，当产生分歧时，各持己见，不欢而散，致使创业失败。创业计划中必须体现团队精神或团队理念。

（四）商品、行业与市场

创业计划必须通过分析商品、行业和市场来制定营销策略、经营管理策略、风险控制等。

（五）工作进度表

拟定的创业计划中，应有一份执行进度表，其中包含详细的工作内容、执行时间。

四、注册登记

只有注册登记，才享有合法身份，公司才能不断发展壮大。注册登记包括以下内容。

（一）法人登记

1. 申请开办

申请开办就是取得有关主管部门的批准。申请公司开业时，应向这些部门提交开办公司的申请报告，申请报告应写明开办公司的宗旨、公司的名称及地址、负责人的姓名、公司的性质、生产经营范围、生产经营方式、公司资金总额、职工人数、筹建日期及其他需要写入的内容。

2. 申请开业登记

在申请开办获得批准后，即可申请开业登记。

3. 领取营业执照

这是登记审批程序的最后一个环节。公司自领取营业执照之日起即宣告成立，标志着公司取得了法人资格，同时也取得了公司名称专用权和生产经营权。

4. 变更登记

如因企业生产经营需要或者其他原因需要变更登记事项时，就必须办理变更登记。合伙企业或责任有限公司在增加或减少合伙人和股东人数的时候，也应办理变更登记。如要变更登记的事项涉及营业执照上注明的内容，还应该换

发营业执照。

（二）税务登记

税务登记是纳税人因履行纳税义务而向税务机关办理的必要的法律手续，是纳税人的一项基本法定义务，是税务机关依据税法的有关规定，对纳税单位和个人的生产经营活动进行登记管理的一项基本制度。纳税人办理税务登记应按下列程序进行：一是申请办理税务登记；二是审核税务登记表，填发税务登记证；三是在领到税务登记证之后悬挂在营业场所，亮证经营；四是定期验证和换证。

（三）银行开户

企业在获得营业执照之后，应当选择当地一家银行或信用社开户。各银行在服务水平、效率等方面不尽相同，创业者在比较、调查之后，选择一个银行或信用社，开立账户。

五、调适创业中的四种关系

（一）与政府机关的关系

大学生创业者与政府相关部门打交道，必须讲究沟通的艺术，切忌死板。

1. 摆正位置

企业和国家是一种依属与被依属的关系。大学生创业者要明确自己的位置，摆正与国家的关系，切忌越位。若考虑问题仅从自身利益角度出发，只要是于己有利的事情，不管是否损害他人的利益都去做，后果就不堪设想。

2. 要求适中

政府许多政策、法令及法规都为企业的经营活动指明了大方向，但常常会有照顾不周的地方。如果此类细枝末节影响到企业的合理利益，可以向政府提出，相信政府会给予有效解决。

3. 合理维权

当企业发展中的合理合法利益与政府的某些规定发生冲突时，大学生创业者要主动沟通，努力使政府接受意见。

（二）与金融界的关系

大学生创业者与金融界打交道时，需要注意以下问题。

1. 恪守信誉

信誉是金融界最看重的品质，一个恪守信誉的企业相对容易获得所需资金。因此，大学生创业者在向银行贷款时，一定要对自己的按期偿还能力及也许会出现的变化因素做充分估计，以便更好地做到"恪守信誉"。

2. 加强沟通

得到金融界的贷款之后，应经常、及时地向金融界有关方面通报信息，定期汇报产业项目的进展情况、资金周转情况。

（三）与社区的关系

远亲不如近邻。很多大学生企业都建在社区，与周围邻里之间的人际关系，与社区内各种组织（如居委会、派出所等）的关系，既密切又微妙。大家应该相互关照，相互谅解，共建"天时、地利、人和"的社区文明。相反，如果大学生企业与社区的关系处理不好，就可能引发冲突或矛盾，影响企业的发展。

（四）与同行的关系

同行是冤家。企业一进入市场，就注定要与同行竞争。但是在日趋激烈的商业竞争中，只有与行业同人交上朋友，进行合作，才能增强实力。

1. 借助同行弥补自己的不足

在企业经营管理中，不时会遇到这种情况：好不容易联系到一项很大的业务，客户却要求在某一期限内完成，而仅靠自己企业是不可能完成的。此时，最好的办法就是借助同行的力量共同完成业务。

2. 互通信息

一个行业中的各个企业应不断地加强彼此的信息交流，使企业现有资源最大限度地被利用。

3. 可借鉴同行的经营管理经验

同行之间由于有着类似的业务，有效的管理经验可借鉴的成分相当大，也许同行的成功之道正是本企业所必需的。同行之间相互借鉴还有一个很大的好处，那就是大部分生产原材料相同，很容易找出自己与别人的差距。

第三节 创业计划书

一、创业计划书的作用

创业计划书，是创业者在初创企业成立之前就某一项具有市场前景的新产品或服务，向潜在投资者、风险投资公司、合作伙伴等游说以取得合作支持或风险投资的可行性商业报告。创业计划通常是各项职能如市场营销计划、生产和销售计划、财务计划、人力资源计划等的集成，同时也是提出创业的头三年内所有中期和短期决策制度的方针。如果有了一份详尽的创业计划书，就好像有了一份业务发展的指示图一样，它会时刻提醒创业者应该注意什么问题，规避什么风险，并最大限度地帮助创业者获得来自外界的帮助。因此，创业计划书有着非常重要的作用。

（一）能帮助创业者理清思路，做出正确的评价

在使用创业计划书融资前，创业计划书首先应该是创业者自己看的。因此，创业者应该以认真的态度对自己所有的资源、已知的市场情况和初步的竞争策略做尽可能详尽的分析，并提出一个初步的行动计划，做到心中有数。另外，创业计划书还是创业资金准备和风险分析的必要手段。对初创企业来说，创业计划书尤为重要，一个酝酿中的项目，往往很模糊，通过拟定创业计划书，把项目的优点和缺点都书写下来，然后再逐条推敲，创业者就能对这一项目有更

加清晰的认识。

（二）能帮助创业者凝聚人心，有效管理

一份完美的创业计划书可以增强创业者的自信，使创业者明显感到对企业更容易控制、对经营更有把握。因为创业计划提供了企业全部的现状和未来发展的方向，也为企业提供了良好的效益评价体系和管理监控指标。创业计划书使得创业者在创业实践中有章可循。创业计划书通过描绘新创企业的发展前景和成长潜力，使管理层和员工对企业及个人的未来充满信心，并明确要从事什么项目和活动，从而使大家了解将要充当什么角色，完成什么工作，以及自己是否胜任这些工作。因此，创业计划书对于创业者吸引所需要的人力资源，凝聚人心，具有重要作用。

（三）帮助创业者对外宣传，获得融资

创业计划书作为一份全方位的项目计划，它对即将展开的创业项目进行可行性分析的过程，也在向风险投资商、银行、客户和供应商宣传拟建的企业及其经营方式，包括企业的产品、营销、市场及人员、制度、管理等各个方面。在一定程度上也是拟建企业对外进行宣传和包装的文件。

二、创业计划书的基本框架和内容

创业计划书能让我们对每个细节了然于胸，可以让初入商场的人做到"知己知彼，百战不殆"，创业计划书的基本框架和内容包括以下几个方面。

（一）产业背景和公司概述

主要介绍公司的主营产品和主要特色，以及公司的成立地点、时间、所处阶段和竞争优势。

（二）市场调查和分析

认清和分清市场目前潜在的对手，分析他们的竞争优势，研究战胜对手的方法和手段。

（三）公司战略

依照公司的宗旨和长远发展目标，制定公司经营计划和长远发展目标。

（四）总体进度安排

根据公司情况和市场情况，制定公司创业经营的时间进度安排，做到行事有的放矢，提高创业的成功率。

（五）关键的风险、问题和假定

根据目前的市场和公司的经营状况，预测关键的风险和问题，假定公司的未来。

（六）管理团队

对公司领导层的重要领导进行专门介绍，包括他们的职务、工作经验、工作能力和专长，以及教育背景等，并简要列出公司普通员工人数，包括兼职员工人数，大体进行概况分类，确定职务空缺。

（七）公司资金管理

主要包括资金需求和来源、融资计划、股本结构和规模、资金运营计划、退出策略及运营方式和时间。

（八）预估公司能够提供的利益

介绍目前公司的营业性收入、成本费用、现金流量等，预测5年以后的财务报表情况，探求公司上市、股票收购或者兼并等。

三、创业融资

在制定融资方案之前要准确评估公司的有形资产和无形资产的价值，千万不要妄自菲薄，低估了本公司所具有的价值。

融资过程中要做好融资方案的选择。尽管国内的融资渠道还不是很健全，但方式比较多，主要有：①合资、合作、外资企业融资渠道；②银行及金融机构贷款；③政府贷款；④风险投资；⑤发行债券；⑥发行股票；⑦转让经营权；

⑧ BOT 融资。多渠道地比较与选择可以有效降低融资成本，提高效率。通过上述途径得到的发展资金可以分为两类：资本资金和债务资金。债务资金（如银行贷款等）不会稀释创业者股权，而且可以有效分担创业者的投资风险，推荐优先使用。

如果采用出让股权的方式进行融资，则必须慎重选择投资人。只有同自己经营理念相近，其业务或能力能够为投资项目提供渠道或指导的投资，才能有效支撑企业的成长。目前的关键问题是，大学生很难找到融资对象，找到一个就像发现了救命稻草一样，根本就没有讨价还价的余地，这样的融资肯定会给后续工作带来很多麻烦。出现这种问题的主要原因是信息不对称，因此创业者一定要加强对融资市场的信息的收集与整理，在掌握大量的情报资料的前提下做出最优的选择。

创业不仅是实现理想的过程，更是使投资者（股东）的投资保值增值的过程。创业者和投资者是一个事物的两个方面，大家只有通过企业这个载体才能达到双赢的目标。

四、团队建设

（一）组建创业团队的基本条件

组建创业团队的基本条件包括：树立正确的团队理念；树立明确合理的团队发展目标。

1. 树立正确的团队理念

（1）凝聚力

拥有正确团队理念的成员相信他们处在一个命运共同体中，共享收益，共担风险。团队工作，即作为一个团队而不是靠一两个人工作，团队成员要相互依赖和支持，依靠事业成功来激励每个人。

（2）诚实正直

这是有利于顾客、公司和价值创造的行为准则。它排斥纯粹的实用主义或利己主义，拒绝狭隘的个人利益和部门利益。

（3）为长远着想

拥有正确团队理念的成员相信他们正在为企业的长远利益工作，正在成就一番事业，而不是把企业当作一个快速致富的工具。没有人打算现在加入进来，而在困境出现之前或出现时退出而获利，他们追求的是最终的资本回报及带来的成就感，而不是当前的收入水平、地位和待遇。

（4）承诺价值创造

拥有正确团队理念的成员承诺为了每个人而使"蛋糕"更大，包括为顾客增加价值，使供应商随着团队成功而获益，为团队的所有支持者和各种利益相关者谋利。

2. 确立明确的团队发展目标

团队的发展壮大，需要团队所有成员必须明确团队的发展目标，从而使个人发展目标与团队发展目标相匹配，实现个人和团队的双赢。

（二）建立责、权、利统一的团队管理机制

创业团队内部需要妥善处理各种权力和利益关系。

1. 妥善处理创业团队内部的权力关系

在创业团队运行过程中，团队要确定谁适合于从事何种关键任务和谁对关键任务承担什么责任，以使能力和责任的重复最小化。

2. 妥善处理创业团队内部的利益关系

这与新创企业的报酬体系有关。一个新创企业的薪酬体系不仅包括诸如股权、工资、奖金等金钱报酬，而且包括个人成长机会和提高相关技能等方面的因素。每个团队成员所看重的并不一致，这取决于其个人的价值观、奋斗目标和抱负。有些人追求的是长远的资本收益，而另一些人不想考虑那么多，只关心短期收入和职业安全。

3. 制定创业团队的管理规则

主要解决剩余索取权和剩余控制权问题。治理层面的规则大致可以分为合伙关系与雇佣关系。在合伙关系下，大家都是老板，大家说了算；而在雇佣关系下，

只有一个老板，一个人说了算。除了利益分配机制和争端解决机制，还必须建立进入机制和退出机制。没有出入口的游戏规则是不完整的，因此要约定以后创业者退出的条件和约束，以及股权的转让、增股等问题。

4. 组建创业团队的程序和方法

①撰写出创业计划书。②优劣势分析。③确定合作形式。④寻求创业合作伙伴。⑤沟通交流，达成创业协议。⑥落实谈判，确定责、权、利。

5. 建立完整的企业文化管理制度

创业期的企业，企业文化处于自发阶段，可能没有形成企业文化。但只要是企业，就都有自己的文化。企业文化是企业认同的价值观和行为方式。创业期的企业，还在解决温饱问题，因此对"文化"这种高境界的精神追求好像就少了许多，其实这是一种误解，只要企业里面存在人，就会有文化。企业高层管理者的言行举止和管理风格，本身就是一种文化，只是这种文化还没有制度化。

第四节 创业实务知识

一、工商税务知识

（一）工商登记

工商登记是国家对生产经营者所行使的管理职能之一，也是生产经营者确认自身合法地位的法律程序。生产经营者为了保护自己的合法权益，必须在法律上明确其地位，从而在法律的保护下从事正常的生产经营活动。申请开办公司的，应先提交开办公司的申请报告。申请报告应写明开办公司的宗旨、公司的名称、地址、组建负责人的名称、公司的性质、生产经营范围、生产经营方式、公司资金总额、职工人数、筹建日期及其他需要写入的内容。工商登记审批程序的最后一个环节就是领取营业执照。工商行政管理机关在审查核实的基础上填写营业执照或企业法人营业执照，由主管领导签署意见并记录在案，同时出具核准登记通知书。生产经营者领取营业执照后，即标志着已取得了合法的生

产经营资格。如果开办的是公司，在接到核准登记通知书后，法定代表人到登记主管机关领取执照，并由公司法定代表人办理签字备案手续。公司自领取营业执照之日起即宣告成立，标志着公司取得了法人资格，同时也取得了公司名称专用权和生产经营权，公司的合法权益受国家法律保护，也确定了公司必须承担国家法律规定的义务和责任。

（二）税务登记

守法经营、依法纳税是每个公民应尽的义务。为了保证生产经营活动的顺利开展，生产经营者应在领取营业执照之日起30日内到税务机关进行税务登记。税务登记的主要内容包括工商户的名称、地址、经营性质、主管部门、生产经营范围、经营方式、资金方式、资金状况、开户银行及账号等。

二、金融保险知识

创业所从事的生产经营活动一旦开始运营，就会每时每刻都与资金打交道。离开了钱，生产经营活动将寸步难行。企业购买原材料、卖出产品、发放工资、缴纳税款、支付利息等都必须与资金打交道。怎样从银行借钱，怎样才能合理地使用资金，怎样才能有效地规避风险，这就要求创业者掌握同银行及保险公司打交道的基本知识，利用现代化社会发达的信用和保险制度，为创业提供服务。

三、经济法律知识

毕业生在创业中必然会遇到很多法律问题，而守法经营是对每个生产经营者的基本要求，学会运用法律知识处理有关问题可以有效地避免损失，提高效率。具体要清楚以下几个重要的概念。

（一）个体工商户

个体工商户是指有经营能力并依照相关规定，经工商行政管理部门登记，从事工商业经营的公民。个体工商户是个体工商业经济在法律上的表现，具有以下特征。

个体工商户是从事工商业经营的自然人或家庭。自然人或以个人为单位，

或以家庭为单位从事工商业经营,均为个体工商户。根据法律有关政策,可以申请个体工商户经营的主要是城镇待业青年、社会闲散人员和农村居民。此外,国家机关干部、企事业单位职工不能申请从事个体工商业经营。

自然人从事个体工商业经营必须依法核准登记。个体工商户的登记机关是县级以上的工商行政管理机关。个体工商户经核准登记,取得营业执照后,才可以开始经营。个体工商户转业、合并、变更登记事项或歇业,也应办理登记手续。

个体工商户只能经营法律、政策允许个体经营的行业。

(二)个人独资企业

所谓个人独资企业,是指在中国境内设立,由一个自然人投资、财产为投资个人所有、投资人以其个人财产对企业债务承担无限责任的经营实体。它具体有以下主要特征:一个自然人投资,其财产为投资个人所有。不仅企业初始的资产为投资人所有,而且企业成立之后存续期间形成的所有财产,也归投资人所有。投资人以其个人财产为企业债务承担无限责任。这里包括三层意思:一是企业的债务全部由投资人承担;二是投资人承担企业债务的责任范围不限于出资;三是投资人对企业的债权人直接负责。

(三)合伙企业

所谓合伙企业,就是在中国境内设立的由各合伙人订立合伙协议,共同出资,合伙经营,共享收益,共担风险,并对合伙企业承担无限连带责任的营利性组织。设立合伙企业必须有合格的合伙人,而且合伙人数应不少于2人,但由于合伙企业的合伙性质,合伙人之间的信任尤其重要,因此,在实践中,合伙人数不宜太多,一般不超过20人。合伙人必须具有民事能力,即为完全民事行为能力人,且能承担无限责任。限制行为能力人不得作为合伙人,无行为能力人当然更不能作为合伙人。所以,只有18周岁以上的人和已满16周岁未满18周岁但以自己的劳动收入作为主要生活来源的人,才能作为合伙人。

(四)公司企业

公司是指在中国境内设立的有限责任公司和股份有限公司,二者都是企业

法人。有限责任公司是指股东以其出资额为限对公司承担责任，公司以其全部资产对公司的债务承担责任的企业法人；股份有限公司是指其全部资本为等额股份，股东以其所持股份为限，对公司承担责任，公司以其全部的资产对公司的债务承担责任的企业法人。公司股东作为出资者，按投入公司的资本额享有所有者的资产收益、重大决策和选择管理者等权利。公司享有股东投资形成的全部法人财产权，依法享有民事权利，承担民事责任。有限责任公司由50个以下的股东共同出资设立，设立时应当具备五个条件：一是股东符合法定人数；二是股东出资达到法定资本最低限额（注册资本应由股东一次全部缴足）；三是股东共同制订公司章程；四是有公司名称和符合有限责任公司要求的组织机构；五是有固定的生产经营场所和必要的生产经营条件。

（五）农民专业合作社

农民专业合作社包括两个方面的内容：一方面，从概念上规定了合作社的定义，即农民专业合作社是在农村家庭承包经营基础上，同类农产品的生产经营者或者同类农业生产经营服务的提供者、利用者，自愿联合、民主管理的互助性经济组织；另一方面，从服务对象上规定了合作社的含义，即农民专业合作社以其成员为主要服务对象，提供农业生产资料的购买，农产品的销售、加工、运输、贮藏及与农业生产经营有关的技术、信息等服务。

经济生活中有这样一条规律，风险与收益是成正比的，一般来说，风险大，收益也大；风险小，收益也小。例如，市场上一种新产品或服务业的出现，通常会产生两种截然相反的结果：一种是企业提供的产品和服务供不应求，价格必然高于价值，收益也大；另一种是企业提供的产品和服务，由于各种原因得不到消费者的认可，就可能产生投入资金后没有收益甚至亏损的结果。这就是风险所在，也正是大多数人对创业望而却步的原因。对于已经有了一定基础，且有多项业务的公司，为了赢得较多的利润，有时冒点风险是必要的，也是可以承受的。如果企业搞的是多元化经营，东方不亮西方亮，这儿赔了，那儿却赚了，企业还可以存活下去。但是，对于初创业者来说，应该尽量避免风险大的事情，应将为数不多的资金投入风险小、规模也较小的事业中去。先赚小钱，再赚大钱，聚沙成塔，滚动发展。等资金雄厚了，再干大事业，冒大险，赚大钱。

四、创办不同类型的市场主体，需要准备的材料和办理流程

创办不同类型的市场主体，需要准备的材料和办理流程如下。

（一）个体工商户

个体工商户是指在法律允许的范围内，依法经核准登记，从事工商经营活动的自然人或者家庭。单个自然人申请个体经营，应当是16周岁以上有劳动能力的自然人。家庭申请个体经营，作为户主的个人应该有经营能力，其他家庭成员不一定都有经营能力。个体工商户享有合法财产权，包括对自己所有的合法财产享有占有、使用、收益和处分的权利，以及依据法律和合同享有各种债权。

1. 需准备的材料

（1）经营者签署的个体工商户注册登记申请书；（2）委托代理人办理的，还应当提交经营者签署的委托代理人证明及委托代理人身份证明；（3）经营者身份证明；（4）经营场所证明；（5）个体工商户名称预先核准通知书（设立申请前已经办理名称预先核准的须提交）；（6）申请登记的经营范围中有法律、行政法规和国务院决定规定必须在登记前报经批准的项目，应当提交有关许可证书或者批准文件；（7）申请登记为家庭经营的，以主持经营者作为经营者登记，由全体参加经营家庭成员在个体工商户开业登记申请书经营者签名栏中签字予以确认。提交居民户口簿或者结婚证复印件作为家庭成员亲属关系证明，同时提交其他参加经营的家庭成员的身份证复印件；（8）市场监督管理局规定应提交的其他文件。

2. 办理流程

（1）申请

一是申请人或者委托的代理人可以直接到经营场所所在地登记机关登记。二是登记机关委托其下属工商所办理个体工商户登记的，到经营场所所在地工商所登记。三是申请人或者其委托的代理人可以通过邮寄、传真、电子数据交换、电子邮件等方式向经营场所所在地登记机关提交申请。通过传真、电子数据交换、电子邮件等方式提交申请的，应当提供申请人或者其代理人的联络方式及通信

地址。对登记机关予以受理的申请，申请人应当自收到受理通知书之日起5日内，提交与传真、电子数据交换、电子邮件内容一致的申请材料原件。

（2）受理

①对于申请材料齐全、符合法定形式的，登记机关应当受理。申请材料不齐全或者不符合法定形式，登记机关应当当场告知申请人需要补正的全部内容，申请人按照要求提交全部补正申请材料的，登记机关应当受理。申请材料存在可以当场更正的错误的，登记机关应当允许申请人当场更正。②登记机关受理登记申请，除当场予以登记的外，应当发给申请人受理通知书。对于不符合受理条件的登记申请，登记机关不予受理，并发给申请人不予受理通知书。申请事项依法不属于个体工商户登记范畴的，登记机关应当即时决定不予受理，并向申请人说明理由。

（3）审查和决定

登记机关对决定予以受理的登记申请，根据下列情况分别做出是否准予登记的决定。

①申请人提交的申请材料齐全、符合法定形式的，登记机关应当当场予以登记，并发给申请人准予登记通知书。根据法定条件和程序，需要对申请材料的实质性内容进行核实的，登记机关应当指派两名以上工作人员进行核查，并填写申请材料核查情况报告书。登记机关应当自受理登记申请之日起15日内做出是否准予登记的决定。②对于以邮寄、传真、电子数据交换、电子邮件等方式提出申请并经登记机关受理的，登记机关应当自受理登记申请之日起15日内做出是否准予登记的决定。③登记机关做出准予登记决定的，应当发给申请人准予个体工商户登记通知书，并在10日内发给申请人营业执照。

不予登记的，应当发给申请人个体工商户登记驳回通知书。

（二）个人独资企业

个人独资企业一般指独资企业。独资企业是指一人投资经营的企业。独资企业投资者对企业债务负无限责任。企业负责人是投资者本人。企业负责人姓名须与身份证相符，不得使用别名。

1. 需准备的材料

（1）投资人签署的个人独资企业登记（备案）申请书；（2）投资人身份证明；（3）投资人委托代理人的，应当提交投资人的委托书原件和代理人的身份证明或资格证明复印件（核对原件）；（4）企业住所证明；（5）名称预先核准通知书（设立申请前已经办理名称预先核准的须提交）；（6）从事法律、行政法规规定须报经有关部门审批的业务的，应当提交有关部门的批准文件；（7）市场监督管理局规定应提交的其他文件。

2. 办理流程

（1）申请

由投资人或者其委托的代理人向个人独资企业所在地登记机关申请设立登记。

（2）受理、审查和决定

登记机关应当在收到全部文件之日起15日内，做出核准登记或者不予登记的决定。予以核准的发给营业执照；不予核准的，发给企业登记驳回通知书。

（三）合伙企业

合伙企业与独资和公司相对，由两个或两个以上的自然人通过订立合伙协议，共同出资经营、共负盈亏、共担风险的企业组织形式。我国合伙组织形式仅属限于私营企业。合伙企业一般无法人资格，不缴纳所得税。

1. 需准备的材料

（1）全体合伙人签署的合伙企业登记（备案）申请书；（2）全体合伙人的主体资格证明或者自然人的身份证明；（3）全体合伙人指定代表或者共同委托代理人的委托书；（4）全体合伙人签署的合伙协议；（5）全体合伙人签署的对各合伙人缴付出资的确认书；（6）主要经营场所证明；（7）名称预先核准通知书（设立申请前已经办理名称预先核准的须提交）；（8）全体合伙人签署的委托执行事务合伙人的委托书；执行事务合伙人是法人或其他组织的，还应当提交其委派代表的委托书和身份证明复印件（核对原件）；（9）以非货币形式出资的，提交全体合伙人签署的协商作价确认书或者经全体合伙人委托的

法定评估机构出具的评估作价证明；（10）法律、行政法规或者国务院规定设立合伙企业须经批准的，或者从事法律、行政法规或者国务院决定规定在登记前须经批准的经营项目，须提交有关批准文件；（11）法律、行政法规规定设立特殊的普通合伙企业需要提交合伙人的职业资格证明的，提交相应证明；（12）市场监督管理局规定应提交的其他文件。

2. 办理流程

（1）申请

由全体合伙人指定的代表或者共同委托的代理人向企业登记机关申请设立登记；

（2）受理、审查和决定

申请人提交的登记申请材料齐全、符合法定形式，企业登记机关能够当场登记的，应予当场登记，发给合伙企业营业执照。

除前款规定情形外，企业登记机关应当自受理申请之日起20日内，做出是否登记的决定。予以登记的，发给合伙企业营业执照；不予登记的，应当给予书面答复，并说明理由。

（四）公司企业

公司是适应市场经济社会化大生产的需要而形成的一种企业组织形式。

1. 首先申请名称预先核准，应当提交下列材料

（1）有限责任公司的全体股东或者股份有限公司的全体发起人签署的公司名称预先核准申请书；（2）股东或者发起人的法人资格证明或者自然人的身份证明；（3）公司登记机关要求提交的其他文件。

公司登记机关应当自收到前款所列文件之日起10日内做出核准或者驳回的决定，公司登记机关决定核准的，应当发给企业名称预先核准通知书。

预先核准的公司名称保留期为6个月。预先核准的公司名称在保留期内，不得用于从事经营活动，不得转让。

2. 召开创立大会

发起人应当在创立大会召开 15 日前将会议日期通知各认股人或者予以公告。创立大会应有代表股份总数二分之一以上的认股人出席，方可举行。

创立大会行使下列职权：

（1）审议发起人关于公司筹办情况的报告；（2）通过公司章程；（3）选举董事会成员；（4）选举监事会成员；（5）对公司的设立费用进行审核；（6）对发起人用于抵作股款的财产的作价进行审核；（7）发生不可抗力或者经营条件发生重大变化，直接影响公司设立的，可以做出不设立公司的决议。

创立大会对前款所列事项做出决议，必须经出席会议的认股人所持表决权的半数以上通过。

3. 向登记机关申请登记

设立股份有限公司，董事会应当于创立大会结束后 30 日内向公司登记机关申请设立登记。

申请设立股份有限公司，应当向公司登记机关提交下列文件：

（1）公司董事长签署的设立登记申请书；（2）国务院授权部门或者省、自治区、直辖市人民政府的批准文件，募集设立的股份有限公司还应当提交国务院证券管理部门的批准文件；（3）创立大会的会议记录；（4）公司章程；（5）筹办公司的财务审计报告；（6）具有法定资格的验资机构出具的验资证明；（7）发起人的法人资格证明或者自然人身份证明；（8）载明公司董事、监事、经理姓名和住所的文件及有关委派、选举或者聘用的证明；（9）公司法定代表人任职文件和身份证明；（10）企业名称预先核准通知书；（11）公司住所证明。

公司申请登记的经营范围中有法律、行政法规规定必须报经审批的项目的，应当在申请登记前报经国家有关部门审批，并向公司登记机关提交批准文件。

4. 领取营业执照

经公司登记机关核准设立登记并发给企业法人营业执照,公司即宣告成立。公司凭公司登记机关核发的企业法人营业执照刻制印章，开立银行账户，申请纳税登记。

章程在创立大会召开前拟好,在创立大会上通过。各种程序需要的文件要准备好。

(五)农民专业合作社

农民专业合作社是以农村家庭承包经营为基础,通过提供农产品的销售、加工、运输、贮藏以及与农业生产经营有关的技术、信息等服务来实现成员互助目的的组织,从成立开始就具有经济互助性。拥有一定组织架构,成员享有一定权利,同时负有一定责任。

1. 申请工商行政管理局设立登记需提交的材料

(1)设立登记申请书;(2)全体设立人签名、盖章的设立大会纪要;(3)全体设立人签名、盖章的章程;(4)法定代表人、理事的任职文件和身份证明;(5)全体出资成员签名、盖章予以确认的出资清单;(6)法定代表人签署的成员名册和成员身份证明复印件;(7)住所使用证明;(8)指定代表或者委托代理人的证明;(9)合作社名称预先核准申请书;(10)业务范围涉及前置许可的文件。

2. 到公安局指定单位刻章需提交的材料

(1)合作社法人营业执照复印件;(2)法人代表身份证复印件;(3)经办人身份证复印件。

第四章 创新创业背景下人才培养模式

第一节 创新创业背景下人才培养模式的构建

一、创新创业背景下人才培养模式内涵分析

创新创业背景下代表一种新的人才培养模式,是适应我国经济新常态下的一种教育模式改革的发展导向,是将创新创业理念深度融入传统的人才培养模式中的一种创新。

"创新创业"作为核心概念,其内涵是以构建培养拔尖创新创业人才为指向的现代高等教育模式为目的,引导学校师生不断更新和升华教育观念,深化教育教学改革,将人才培养、科学研究、社会服务紧密结合,实现从注重知识传授向更加重视能力和素质培养的转变,强化对学生创新创业精神、创新创业意识和创新创业能力的培养,切实提高人才培养质量。"+"作为模式外延,即将创新创业与高等教育中各类专业的人才培养及专业建设相结合,以创新创业教育为导向,改革传统的专业人才培养模式,提升专业建设质量,以适应我国经济新常态下对人才培养的需求。

创新创业背景下的人才培养模式,其外延是无限延展的,是可推广、可复制的。该模式不仅适用于高职高专的专业人才培养模式,同样适用于综合型大学、研究型大学的专业、学科建设及人才培养模式的改革创新研究。

二、创新创业背景下人才培养模式改革背景分析

当前,我国已进入全面建设社会主义现代化国家的关键时期和深化改革开

放、加快经济发展方式转变的攻坚时期，形势凸显提高国民综合素质、培养创新创业人才的重要性和紧迫性。在召开的中央财经领导小组第七次会议上，习近平总书记强调："创新驱动实质上是人才驱动。为了加快形成一支规模宏大、富有创新精神、敢于承担风险的创新型人才队伍，要重点在用好、吸引、培养上下功夫。"高校创新创业教育工作与稳增长、调结构、促改革、惠民生提出的新要求相比，还有很大差距，特别是在人才培养工作中的短板效应越发明显。因此，加强大学生创新创业教育，提高其创新精神、创业意识和创业能力，鼓励其开展创新创业实践，是学校服务于国家转变经济发展方式、建设创新型国家和人力资源强国的现实要求，创新创业背景下的创新人才培养模式正是基于这样的背景而提出的。

（一）创新创业背景要求人才培养模式是在理念论、思辨哲学和实用主义教育观的指导下

构建出的相对协调与完善的符合我国高等教育实际情况的创新创业理念体系，为在不同类型的高校、不同层次的大学生中开展创新创业教育提供较为具体的认识定位与实践指导。理念靠内在逻辑发展，其中包含着逻辑的起点和诸多的逻辑中介，最后形成的逻辑终点将起点与中介纳为自身有机组成部分的一个协调体系。高等教育的理念是对高等教育内在的本质规律、价值取向，外化的功能、目的和方法等一系列基本问题理论化、系统化的，具有相对稳定性和生长性的理论体系。高等教育的创新创业理念从属于高等教育的理念。因此，它将更为具体地揭示创新创业的诸多方面。

（二）创新创业背景为我国高校培养大批的创新创业型人才提供较为具体的推进模型与行为方式

以促使我国高校的培养目标由知识型向创业型转变。人类的任何一种活动，都是目标引领性的活动。由于目标设定的层次、取向的不同，就使得行为主体要设计不同行为方式来达到不同层次的目标。创新创业的目标是一个体系、一种模式，由不同的创新创业板块的分目标所构成，其合力最终成就了创新创业的总目标：培养大批的创新创业型人才，为国民经济的活力与可持续发展提供

源源不断的人力资源。创新创业背景下引导学校师生不断更新和升华教育观念，深化教育教学改革，将人才培养、科学研究、社会服务紧密结合，实现从注重知识传授向更加重视能力和素质培养的转变，强化对学生创新创业精神、创新创业意识和创新创业能力的培养，切实提高人才培养质量。

（三）创新创业背景解决了创新创业教育与专业教育"互为孤岛"的问题

近年来，国内一些高校在创新创业教育方面进行过一些有益的探索，但普遍存在未能将创新创业渗透到学校教育教学全过程的问题，以及创新创业与专业教育严重脱节的现象。然而，创新创业教育同专业教育应当是有机融合的。首先，创新创业教育必须依赖专业教育，专业教育是高等教育承担的基本职责。脱离专业教育的创新创业教育只是舍本求末，缘木求鱼。其次，创新创业教育的实施，对专业教育的改革提出了新要求。高等学校应该将教育的触角从专业教育延伸至创新创业教育，实现创新创业教育与专业教育的有机融合。在创新创业背景下，实现了创新创业教育与专业教育由"两张皮"向有机融合的转变，充实素质教育的建设内容。

（四）创新创业背景具有较高的实践意义和价值

它适应了学生和社会多元化的需求：创新创业背景下满足学生多元化的需求，大学生是最具自主创新创业能力的社会群体，是创新型国家建设过程中最为积极活跃的因素。因此，实施创新创业背景下的人才培养模式，可以发挥大学生的创新创业素质，为其就业、创业提供直接的指导服务。同时还可以缓解社会就业压力，对于构建和谐社会、促进经济增长、建设创新型国家都起到积极的作用。

三、"+创新创业"与"创新创业+"

近年来，大学生创新创业教育已成为高等教育领域的热门词汇，全国各地很多高校在健全创新创业教育组织体系、完善创新创业教育基础设施、开展创新创业教育教学与课外活动、加大创新创业资金支持等方面做出了诸多努力与

探索，取得了一定的成绩。但整体来看，我们对创新创业教育的内涵和本质领会还不深、不透，大多游离在"+创新创业"的层面，即在专业教育的基础上，加上一些创新创业的元素。然而，这样的创新创业教育效果并不佳，要么把技术含量低、对传统市场"经营—消费"关系进行机械式复制的生存型创业视为创新创业教育的成果；要么把创新简单理解为"科技创新"，忽略了思想创新与意识创新，认为创业是管理学科或工科应该做的事，与其他学科无关，而创新创业教育就是简单地开几门创业课，开展几场创新创业活动或者比赛，与专业教学无关，使创新创业教育游离于专业教育、知识教育之外。

而"创新创业+"是立足创新创业教育核心内涵的一种新型人才培养模式。创新创业教育不是就业的"救命草"，不是挣钱的"孵化器"，也不是学生价值的"鉴别仪"，其本质是一种面向全体学生的、为其终身可持续发展奠定坚实基础的素质教育，不能简单地计算学生参加了多少创新创业活动，开展了多少科学研究，从事了多少创新或创业项目，获取了多少创业资金，或以这些指标作为衡量学生发展的参照物。其核心内涵应该是以构建培养拔尖创新创业人才为指向的现代高等教育模式为目的，引导学校师生不断更新和升华教育观念，深化教育教学改革，将人才培养、科学研究、社会服务紧密结合，实现从注重知识传授向更加重视能力和素质培养的转变，强化对学生创新创业精神、创新创业意识和创新创业能力的培养，切实提高人才培养质量。这便是"创新创业+"的出发点和立足点。

四、创新创业背景下的特征

（一）加强创新创业教育与专业教育的有机融合——培养理念

创新创业教育与专业教育是一个有机结合体，创造是一种思维方式，创业是一种生存方式，创新是一种发展能力，创优是一种精神品质。"创新创业+"倡导先进的创新创业理念，努力实现创新创业与专业教育由"两张皮"向有机融合的转变，由注重知识传授向注重创新精神、创业意识和创新创业能力培养的转变，从单纯面向有创新创业意愿的学生到面向全体学生的转变，切实增强学生的创新精神、创业意识和创新创业能力，努力造就大众创业、万众创新的

生力军，不断提高高等教育对稳增长、促改革、调结构、惠民生的贡献度。

（二）关注综合素质与"四创"能力的培养——培养目标

"创新创业+"作为一种新型人才培养模式，是一种以构建培养拔尖创新创业人才为指向的现代高等教育模式，它引导学校师生不断更新和升华教育观念，深化教育教学改革，将人才培养、科学研究、社会服务紧密结合，实现从注重知识传授向更加重视能力和素质培养的转变，强化对学生创造、创新、创业、创优"四创"能力的培养，切实提高人才培养质量。

（三）注重人才培养每个具体环节的思想渗透——培养过程

"创新创业+"是将学校的创新创业融入专业教育的每个过程中，在专业教育过程的每个环节中不断地提高"创造、创新、创业、创优"的四创能力。

（四）强化创新创业研究内家的跨界融合——研究基础

"创新创业+"是跨界融合，"+"就是跨界，就是变革，就是开放，就是融合。敢于跨界，教育创新的基础才能更坚实；融合协同，教育过程智能才会实现，从创新创业教育到专业教育的路径才会更短。

（五）注重创新创业哲学思维的有力指导——理论背景

"创新创业+"是道，是用创新创业的哲学、创新创业的思维去指导高职教育或完善提升传统教育，培养符合现代行业需求的学生。

（六）坚持开放生态、解构重塑的模式创建——研究方向

关于"创新创业+"，生态是非常重要的特征，而生态的本身就是开放的，我们推进"创新创业+"，其中一个重要的方向就是要解决过去制约教育创新的环节中的问题，以生为本，创新思维，重塑结构，开放心态，改变创新创业教育与专业教育的"两张皮""孤岛式"的现实状况。

（七）力求多方面、多层次、多维度的辐射——社会效应

"创新创业+"模式，其中"+"的方式是多种多样的，是多方位、多层次、多维度的，是力求对多学科、各专业创新创业教育的辐射与带动。其根本出发

点是以创新创业作为学校教育的发展方向,让它具有带动性、开放性、包容性和战略性作用,为相关专业以及其他院校创新意识、创业能力扩容、升级、增值。

(八)完善人才培养模式与经济新常态的有机结合——时代要求

"创新创业+"是在"创新创业"内涵的基础上的人才培养模式的外延,是一种新的人才培养模式,是适应我国经济新常态下的一种教育模式改革的发展导向。新常态下,信息革命、全球化、互联网业已打破了原有的社会结构、经济结构、地缘结构、文化结构。产业不断变化,新业态不断出现,知识的需求发生根本性变化,迫使教育也必须适应时代的改革。"+"作为模式外延,即将创新创业与新常态下的人才培养及专业建设相结合,以创新创业为导向,改革传统的专业人才培养模式,提升专业建设质量,以适应我国经济新常态下对人才培养的需求。

五、创新创业背景下人才培养模式构建与研究

随着经济全球化的不断深入,世界各国的竞争与合作日益突出,国家的竞争直接表现为人才的竞争,而创新型人才的发展规模更是衡量一国人才发展总体水平的主要指标。因此,培养创新创业能力意义深远。只有通过构建良好的教学实践平台,组建创新团队,注重师资队伍建设,从而提高综合素质,才能更好地适应未来社会的激烈竞争。

(一)创新创业背景下人才培养模式构建

1. "双元制"模式

所谓双元,是指职业培训要求参加培训的人员必须经过两个场所的培训,一元是指职业学校,其主要职能是传授与职业有关的专业知识;另一元是企业或公共事业单位等校外实训场所,其主要职能是让学生在企业里接受职业技能方面的专业培训。

双元制人才培养模式是企业(通常是私营的)与非全日制职业学校(通常是公立的)合作进行的职业教育模式:接受双元制培养模式的学生在学习过程中,学制一般为三年。第一学年主要进行职业基础教育,集中学习文化课和职

业基础课，学生要从职业类别中（以经济、技术、社会工作或服务三个领域为主）选择并确定学习内容。第二学年转入所选定的职业领域进行专业实践训练，第二学年则向特定职业（专业）深化。这是一种将企业与学校、理论知识和实践技能结合起来，以培养既具有较强操作技能又具有所需专业理论知识和一些普通文化知识的技术工作者为目标的教育。双元制模式的本质在于，向年轻人提供职业培训，使其掌握职业能力，而不是简单地提供岗位培训；不仅注重基本从业能力、社会能力的培养，而且特别强调综合职业能力的培养，更加注重的是综合职业能力的培养。

2.TAFE 人才培养模式

TAFE（Technical and Further Education）是技术与继续教育的简称，产生于 20 世纪 70 年代，泛指职业教育的培训和办学单位，是一种独特的职业教育培训体系。TAFE 由澳大利亚联邦政府和各个州政府共同投资兴建并进行管理，由澳大利亚联邦政府和所在州政府共同承担办学所需经费，其中 75% 由州政府承担，25% 由联邦政府承担。毕业后 100% 就业是 TAFE 学院的教育理念和最终目标，形成了一种在国家框架体系下，以产业为推动力量的，政府、行业与学校相结合的，以客户（学生）为中心进行灵活办学的，与中学和大学进行有效衔接的，相对独立、多层次的综合性职业教育培训体系。

3.CBE 模式

能力本位教育培养模式（Competency Based Education，CBE），产生于 20 世纪 50 年代后。能力本位教育中的"能力"是指一种综合的职业能力，它包括四个方面：与本职相关的知识、态度、经验（活动的领域）、反馈（评价、评估的领域）。达到以上四个方面的相关要求，可构成一种"专项能力"，这个专项能力以一个学习模块的形式表现出来。若干专项能力又构成了一项"综合能力"，若干综合能力又构成某种"职业能力"。其核心是强调对受教育者的能力训练，以职业岗位的实际需求为出发点，合理制定受教育者的能力目标，再由能力目标服从具体岗位来设置相应的课程体系，最后利用能力分析表来评估人才培养的质量水平。

CBE 模式强调以能力作为教学的基础,而不是以学历或学术知识体系为基础,对入学学员原有经验所获得的能力,经考核后予以承认;强调严格的科学管理、灵活多样的办学形式。随时招收不同程度的学生并按他们各自的情况决定学习方式和时间,课程可以长短不一,毕业时间也不一致,做到小批量、多品种、高质量地培养学生,从而打破了传统以学科为科目、以学科的学术体系、以学制确定的学时安排教学和学习的教育体系,以岗位群所需职业能力的培养为核心,保证了职业能力培养目标的顺利实现。

能力本位职业教育显著的优越性使它引起了世界范围内的广泛关注,一度成为世界职教教学改革的发展方向。

(二)有关人才培养模式研究内涵的表述

关于人才培养模式的内涵,至今尚无公认的精准表述。目前有一种相对合理的表述侧重从总体上把握:学校为学生构建的知识、能力、素质结构,以及实现这种结构的方式,它从根本上规定了人才培养特征并集中地体现了教育思想和教育观念。人才培养模式是在一定的思想和教育理论指导下,为实现培养目标而采取的教育教学组织方式和运行方式,它是关于人才培养过程质态的总体性表述,即对人才培养过程的一种设计、构建和管理,在人才培养中起着统率作用。

现阶段,关于"人才培养模式"的定义主要有以下几种表述:

规范说:人才培养模式是一定的教育机构、教育工作者群体普遍认同和遵从的关于人才培养活动的实践规范和操作方式,它以教育目的为导向,以教育内容为依托,以教育方法为具体实现形式,是直接作用于受教育者身心的教育活动全要素的总和和全过程的总和。它反映处于教育模式之下、具体教学方法之上这样一个区间的教育现象,由培养目标、培养过程、培养制度、培养评价四要素组成。

过程说:人才培养模式是人才素质要求和培养目标实施的综合过程和实践过程。也有人认为人才培养模式是在一定的教育观念、教育思想指导下,按照特定的培养目标和人才规格,以相对稳定的教学内容和课程体系、管理制度和评估方式实施人才教育的过程的总和。

方式说：人才培养模式指在一定的教育思想和教育理论指导下，为实现培养目标而采取的教育教学活动的组织样式和运行方式。也有人认为人才培养模式是学校为学生构建的知识、能力、素质结构，以及实现这种结构的方式，它从根本上规定了人才特征并集中地体现了教育思想和教育观念。

方案说：人才培养模式是在一定的教育教学思想、观念的指导下，为实现一定的培养目标，构成人才培养系统诸要素之间的组合方式及其运作流程的范式，是可供教师和教学管理人员在教学活动中借以进行操作的，既简约又完整的实施方案，是为实现一定的培养目标而采取的教育方案和教育方式。

要素说：人才培养模式是指在一定的教育思想指导下，培养目标、教育制度、培养方案、教学过程诸要素的组合，是为实现人才培养目标而把与之有关的若干要素加以有机组合而成的一种系统结构。

机制说：人才培养模式是指在一定的教育思想、教育理论和教育方针的指导下，各级各类教育机构根据不同的教育任务，为实现培养目标而采取的组织形式及执行机制。

系统说：人才培养模式是一个系统，至少包括创新人才的培养模式和人才成长环境两大部分。创新人才培养模式是创新人才培养的核心，是在一定的教学组织管理下实施的，包括培养目标、专业结构、课程体系、教学制度、教学模式和日常教学管理；创新人才成长的环境是创新人才的保证，包括师资队伍、教学硬件和校园文化氛围。高素质的创新人才培养应该是从教师到学生、从观念到制度、从软件环境到硬件环境进行全方位、多角度的综合建设。

从我国高等职业教育人才培养模式的发展历史来看，真正严格意义上的高等职业教育开始于20世纪80年代，这也是我国现代高等职业教育的孕育与发展时期，进入20世纪90年代中期，在大量吸收和借鉴先进的理论和经验基础之上，我国高等职业教育理论探讨和实践探索不断取得新的进展，出现了比较系统的有关培养模式的各种理论，逐步形成了一批相对成熟的人才培养模式：产学研结合人才培养模式、订单式人才培养模式、以就业为导向的人才培养模式、双证书制人才培养模式。

虽然当前国内外关于高校人才培养改革问题的论著不少，但从总体上看，

存在着以下弊端：第一，研究重点主要集中在对人才的理论、现状、教育内容、教育方法等研究上，而对大学生的情感培养、创新创业教育则较少关注；第二，对人才培养途径和方法的可操作性等方面的研究，还鲜有人涉及；第三，对职业院校、民办高校的人才培养的研究成果比较缺乏。总体看来，单一视角的研究多，系统研究的研究少；提出问题、矛盾的研究多，提出对策措施的研究少，特别是能系统地上升到政策层面的建议措施更少。

（三）创新创业背景下人才培养模式研究

1. 研究背景

文件指出高等学校创新创业教育改革的主要任务和措施是：完善人才培养质量标准；创新人才培养机制；健全创新创业教育课程体系；改革教学方法和考核方式；强化创新创业实践；改革教学和学籍管理制度；加强教师创新创业教育教学能力建设；改进学生创业指导服务；完善创新创业资金支持和政策保障体系。

职业教育要以服务现代化建设为宗旨，为提高劳动者素质特别是职业能力服务实施双元制教学模式，对推进职业教育改革，加强与企业生产实际的紧密结合，具有积极的现实意义和广阔的发展前景。中国的高校也纷纷推行双元制教育模式，学习"双元制模式"成功的经验，使现在的毕业生与以往的毕业生相比，方方面面都有着显著的提高。

大力推进高等学校创新创业教育工作；加强创业基地建设，打造全方位创业支撑平台；进一步落实和完善大学生自主创业扶持政策，加强创业指导和服务工作；加强领导，形成推进高校创业教育和大学生自主创业的工作合力。

2. 创新创业背景下人才培养模式的概念

创新创业背景代表一种新的人才培养模式，是适应我国经济新常态下的一种教育模式改革的发展导向，是将创新创业理念深度融入传统的人才培养模式中的一种优化和更新"创新创业"作为核心概念，其内涵是在创造、创新、创业、创优合一的教育观念和教育思想指导下，以构建培养创新创业人才为指向的现代高等教育模式为目的，为培养学生的创新精神和实践能力，按照创新创业教

育的培养目标和人才规格，以提高学生创业基本素质、培养创业意识、形成创业能力、实现人生价值的高素质人才培养体系。

将创新创业与高等教育中各类专业的人才培养及专业建设相结合，以创新创业教育为导向，改革传统的专业人才培养模式，提升专业建设质量，以适应我国经济新常态下对人才培养的需求。

第二节 创新创业背景下人才培养模式课程体系的构建

课程体系是创新创业背景下人才培养模式的核心组成部分，是创新创业背景下人才教育的核心环节，也是观念转化的桥梁。一个合理、优化的创新创业背景下课程体系可以最大限度地发挥创新创业教育的整体功能，从而更有效地实现创新创业背景下教育的预期目标。

国内外许多先进理念和模式值得我们学习和借鉴，我们可以从教学目标、编排理念、教学内容、实施手段等方面探讨如何进一步完善适合我国国情的创新创业背景下教育课程体系。

必须把培养学生的创业技能和创业精神作为高等教育的基本目标，为使毕业生就业，高等教育应主要培养创业技能和主动精神，毕业生不仅是求职者，更是工作岗位的创造者。

一、课程及课程的分类

（一）课程

课程一词源于唐代孔颖达的《五经正义》：教护课程，必君子监之，乃得依法制也。《朱子全书·论学》里几处提及"课程"：如宽着期限，紧着课程；小立课程，大作功夫等。这里的"课程"仅仅包含了教学时间、教学范围和工作进程等意义。

课程是指学校按照一定的教育目的所建构的各学科和各种教育、教学活动的系统。有学者认为：课程是学习者在学校指导下获得的一切经验；课程是一

种预期学习结果的结构化序列；课程是学校提供给学生的教学内容或特殊材料的一种综合性的总计划；课程是一种文化发展与创造的过程，是师生共同参与的探究活动中意义、精神、经验、观念、能力的生成过程等。课程的三种基本用法。一是把课程作为实践性的现象。在这种用法的结构中，人们谈到的是一门课程，或简称"课"，因为不管与课程有关的各种含义如何，理论工作者一定要谈到一门课程。二是把课程当作课程系统的同义词。课程系统包括人员的组织，课程制定、落实、评价和根据经验修订课程所必需的组织程序。三是把课程看作是一门专业学科领域的同义词。这里所提到的课程是作为学科总的领域。

综观这些定义，我们可以看出"课程"表达的含义有很多。一位学者曾做过统计，与课程有关的术语至少有119种之多，尽管"课程"界定众多，含义各异，但人们并未被这种状况所困扰，反而彰显出课程研究领域的生机，理解和运用"课程"这一概念，关注学校课程的实际情形和实际问题，才使对"课程"的研究百花齐放、百家争鸣，当课程作狭义解时，是指一门学科或学科的分支；作广义解时，是指所有学科的总和。这个界定近似于课程应该被设想为每个在校学生的全部现实生活的代名词。然而，不论课程的定义及运用如何繁杂，其本质内涵是旨在使学生在学校教育教学环境中获得促进其全面发展的教育性的经验，是学校借以实现其教育目标的主要手段和媒介，它是经过特殊选择，并加以组织化的社会共同经验。从文化学的角度看，课程应该是过去的文化、现在的文化和改造后的文化的融合物。因此，课程的本质除了继承、传授的性质外，还具有批判、改革与发展的性质。课程的终极目的是要发展受教育者健全的精神、人格和体魄，完善下一代的整个人生，满足未来社会发展对人才的需求及个体全面发展的要求。此外，高等学校课程不同于普通初等、中等学校的课程，它具有课程目标上的专业性、课程内容上的探索性、课程实施上的主体性等发展逻辑与特点。这些是我们界定高等学校课程这一概念时需要考虑的主要内容。

根据课程的相关定义、高等教育的特点以及本文的需要，我们对它作一个广义的界定：高等学校课程就是高等学校按照一定的教育目的所建构的某一门学习科目及其教育、教学活动系统或教学的共同体。

从这一定义可以看出：高等学校课程是有目的的，是按教育目的所建构的；所建构的是学习科目和教育、教学活动，是为特定对象服务的；高等学校是教师和学生共同作用的系统，且具有一定的功能——培养人才这一定义突破了以课堂、教材和教师为中心的局限，使学校教育活动克服了强调学科、智育的单一、唯理性模式的束缚，拓宽了我们的课程视域，为课程理论的研究和实践开辟了新天地，使更广泛的教学内容成为课程的有机构成。

（二）课程的各种类型

从课程制定主体来看，有国家课程、地方课程和校本课程。从传授内容来看，课程可分为理论型课程和技能型课程，基础课程和专业课程，单一课程和综合课程，学科课程和活动课程，人文课程和科学课程，等等。从层次构成上，课程可分为公共基础课程、专业基础课程以及专业课程；有横向课程和纵向课程。从修习的要求看，课程可分为必修课程、限选课程和任修课程。从作用来看，课程可分为传习性（接受性）课程和发展性（拓展性）课程；知识课程、能力课程和素质课程等。从规模来看，课程可分为大、中、小、微型课程。根据是否有明确的计划和目的，课程可分为显性课程（显形课程）和隐性课程（潜在课程）。

总之，课程分类有很多。不同的分类只是为我们从不同角度研究课程、了解课程在不同情况下的作用提供了方便。冯建军将课程分为知识课程、情意课程、活动课程和自我发展课程四大类，对我们进一步研究课程有较大的帮助，我们在本文中将课程分为通识教育课程和专业教育课程两大类。通识教育课程是为大学生在校学习和未来发展奠定基础的课程；专业教育课程是在通识教育课程之上，为大学生进一步发展而设置的课程。从功能来看，通识教育课程突出对人类文化财富的传承性功能，包括知识课程和部分显性的情意课程；专业教育课程突出成长、进步和超越人类已有文化，包括发展学生的情意课程和活动课程等，这两大类课程在高等学校育人系统中统摄了各类课程，发挥着各自不同的功能，并结合在一起，有机地构成了高等学校的课程体系。

二、体系与课程体系的含义

体系是指"若干有关事物互相联系、互相制约而构成的一个整体"。这里，体系的含义至少包括三个方面的意思：①由若干事物构成，单个事物不能构成一个体系；②这些事物是相互联系和相互制约的，联系和制约存在一定的方式；③所有这些事物构成了一个整体，整体性是体系的基本特性，体系的英文是"system"，有"体制"和"系统"的含义。实质上，一个体系作为一个系统而存在，它具有系统的整体性特征。

正如"课程"定义的纷繁复杂一样，不同学者从各自的角度及不同的层次出发，对"课程体系"的阐释也众说纷纭。我们先厘清与课程体系有密切联系的课程结构这一概念。下面列出了一些知名学者对"课程结构"的定义，可以帮助我们实现对"课程结构"全面而正确的理解。

课程结构概念包括广义概念与狭义概念。广义的课程结构是指学校课程中各组成部分的组织、排列、配合的形式。它要解决的是根据培养目标应开设哪些门类的课程及课程编排的问题，重点要考虑各种内容、各种类型、各种形态的课程的整体优化，它具体体现为教学计划。狭义的课程结构是指一门课程中各组成部分的组织、排列、配合的形式，它要解决的是每门课程的教学目标、教学内容、教学组织及教学评价等方面的问题，它具体体现为教材（主要是指教学大纲和教科书）。施良方指出，课程结构是指课程各部分的组织和配合，即探讨课程各组成部分如何有机地联系在一起的问题。

课程结构是课程内部各要素、各成分、各部分之间合乎规律的组织形式。它是以课程要素与课程成分为基础，由课程的表层结构和深层结构组成的有机整体。其中，课程的表层结构是指一定学段课程的总体规划的结构，是由一系列学科与若干活动项目组成的整体；课程的深层结构是指一定学段的教材结构，包括每种教材内部各要素、各成分的组合以及各类教材之间的整体组合。课程体系，又称"课程结构"，它是课程设置及其进程的总和。我国目前高等教育课程体系的结构模式包含两个方面的内容：一是"层次构成"，即公共基础课、专业（技术）基础课、专业课、跨学科课程；二是"形式构成"，即必修课程、限定选修课程、任意选修课程。在《简明国际教育百科全书·课程》中，与课

程结构关系较为密切的词条是，"curriculum organization"（课程组织）该书指出：课程组织是指将构成教育系统或学校课程的要素，加以安排、联系和排列的方式，鉴于"课程组织"与"课程结构"在内涵上的相似性，深入了解"课程组织"的内涵对于"课程结构"概念的认识也是大有裨益的。所谓课程组织，就是在一定的教育价值观的指导下，将所选出的各种课程要素妥善地组织成课程结构，使各种课程要求在动态运行的课程结构系统中产生合力，以有效地实现课程目标。

要正确理解"课程结构"这一概念，对"结构"进行深入认识也是必不可少的。按照一般的理解，结构即事物"各个部分的配合、组织"。结构作为系统科学的一个术语，是指组成一个系统的各个要素间的稳定的相互联系，是系统内要素间的排列组合方式。具体来说，它包括如下含义：①系统内部各组成要素；②要素间的联系方式和相互作用形式；③诸要素的比例关系及其发展变化的条件和规律。从本质上讲，结构可分为两类：自在结构（即自然结构）和人为结构（即设计结构）；而从结构所揭示事物内在联系的深浅程度这一维度来看，结构则可划分为形式结构和实质结构两种类型。

在对课程结构的研究中，研究者都站在自己的角度讨论课程结构或课程组织，课程结构的定义有时与课程体系的定义相混淆。本书将课程结构界定为：在一定课程价值观的指导下，学校课程体系中的各个构成要素，要素间的组织、排列形式及各要素间的配比关系。课程结构属于一种人为结构，是人们思想中占主导地位的价值观念在课程实践中的具体体现，是课程体系的主体部分。

让我们再来看课程体系的含义，课程体系也有广义、狭义之分。狭义的课程体系特指课程结构，是各类课程之间的组织和配合。课程体系又称课程结构，它是所设全部课程互相之间的分工和配合，是教学计划的核心，广义的课程体系是在一定的教育价值理念的指导下，将课程的各个构成要素加以排列组合，使各个课程要素在动态过程中统一指向课程体系目标（或专业目标）实现的系统。

一般认为，它包括三个层次：一指宏观的专业设置，涉及高等教育的学科及专业；二指中观的课程体系，涉及某专业内部课程体系的问题；三指微观的教材体系，是某专业内某具体课程的教学内容。本课题研究的课程体系指中观

层面，是高等学校为了达到其专业培养目标而设计并指导学生学习的所有内容及其构成要素的总和，它是包括课程在内并以培养方案所设内容为主体部分的学校教育教学系统，国外没有与"课程体系"相对应的词，专门化的教育是通过主修不同方向的课程来进行的，其组织方式以及隐藏在这种组织方式背后的指导思想与我国有很大区别，但不管怎样，从形式上看，"主修"和"专业"都是由不同的课程组织来体现的。从这里可以看出，"不同的课程组织"即课程体系，应该是我们培养人才的主要方式和途径。如果把高等学校看作一个系统，那么，高等学校课程体系就是在学校教育系统之下的一个系统。课外活动、社会实践活动和校园文化活动等都可容纳在课程体系之中，都是为了一定的教育目的服务，就是情理之中的事了。

由上述内容可见，在课程结构的含义中，广义的课程结构比较接近于课程体系的含义。广义的课程结构是指，根据培养目标设置哪些课程，如何设置这些课程，各种内容、各种形式、各种形态的课程的相互结合如何达到整体优化的效应，它涉及专业计划的制订，这是我们要讨论的课程体系。之所以作这种定位是因为高等学校课程体系是高等学校培养人才的载体，包含了课程各层面的性质，把课程的知识、目标、计划、学习、评价诸多要素整合为一体。它把教育传授文化遗产的功能、服务社会和发展社会的功能、发展智力和培养个性的功能整合了起来，这一课程体系界定把有关课程的定义所框定的内容，如课程即学科知识、课程即经验、课程即计划、课程即社会改造等，都融合为一体，为培养高素质的专门人才服务。

课程体系是一个具有特定功能、特定结构、开放性的知识、能力和经验的组合系统。它不仅要将内部的要素诸如各类课程（专业基础课、专业理论课、专业技术课、专业技能课、专业应用课等）联结成一个统一整体，还必须充分体现培养目标和培养规格，适应社会经济发展的需要，反映科学技术发展的现状与趋势，符合学制及学时的条件和要求。由于与系统相对应的概念是要素，而要素是构成系统的组成部分。一个系统通常具有目标、内容和过程，因此，高等学校课程体系可由目标要素、内容要素和过程要素三大部分构成。

高等学校课程体系的目标要素指贯穿课程体系的总目标、课程体系结构目

标、课程目标等。课程体系的目标要素是一个系统，以课程体系总目标（或称为课程体系目标）或人才培养目标为总纲。

课程体系的目标要素是由课程结构目标和各门课程的分目标（又称课程目标）等所构成的内在和谐的有机整体。课程结构目标是指课程体系中课程组织状态的目标。不同的结构状态可以达到不同的结构目标。课程结构目标是一种过渡性目标，是由课程体系总目标导向课程目标的过渡。课程目标是指导整个课程编制的准则，也是指导教学的重要准则。当然，课程目标与课程体系总目标在本质内容上也是相通的，如两类目标都要体现德、智、体、美、劳等全面发展的教育要求。但在概括性、可操作性、可检测性和使用功能方面却有明显的区别。首先，课程体系总目标在概括性方面高于课程目标。它一旦制定，就要求某类高等学校的学科（二级学科）的各门课程乃至各项教育活动都要服从这一目标的要求，而课程目标则往往限定在该类学科（二级学科）的培养目标之内。其次，课程目标更具体，更具可操作性，它特别要求目标要体现学科（二级学科）的特点，要通过学科的个性，体现课程体系总目标的共性。课程目标是具体课程编制的指导目标，是课程编制的起点和终点。它的可能性、操作性和可检测性对课程内容、课程结构、课程实施和课程评价都具有指导意义和实践意义。最后，在使用功能方面，课程体系总目标是某一学科（专业或二级学科）人才培养的设计和蓝图，而且要对培养方向、人才规格、适应岗位等提出要求，要体现逻辑性、序列性、阶段性、整合性的特点。而课程目标对课程工作者要求非常明确，它还要关注教师的教与学生的学，充分照顾到大学生的特点、学科内容及社会需求的关系，具有较强的方向性和规定性。课程体系目标是课程结构目标与课程目标的归总。

内容要素，又称课程要素，还可称为结构要素，主要是指课程体系的组成成分、课程的联系方式和组织形式，这是从静态来看的课程体系。这些结构要素主要包括通识教育（普通教育）课程要素和专业教育（专长教育）课程要素及其相互关系和组织方式。这两大要素包括基础课程、专业课程、跨学科课程，理论课程与实践课程，必修课程与选修课程，大、中、小、微型课程，显性课程与隐性课程，等等。它们之间的比例及关系从不同侧面反映了课程体系的轮廓，

也是研究课程体系的主要线索。结构要素应该是具有长远影响的内容,而不是具体的事实、习惯或非常具体化的内容。现代化的课程体系必须是科学知识内容齐全、课程配比合理、时序恰当的综合结构。它不仅是形式的,而且是实质的;既有特定内容,也有历史形成的内容。

因此,课程体系是从宏观、整体和动态上把握课程体系内部的要素及其相互之间的关系,探索课程体系构建的基本理论及其运行规律。

学习课程的过程就是一个人成长的过程,就是增长经历的过程,就是不断地增加经验的过程,课程完全是学生参与文化活动的过程。课程本质的"经验"性突出了学生的课程参与,使学习者不再只是课程的追随者,而且也成了课程的主人和占有者。教育是引导个体去领悟生活的艺术。因此,学生的求知欲和判断力,以及控制复杂情况的能力等,都必须靠有机的课程体系来唤起。

课程体系不是一种只有形式而无内容的外壳,它是一个既有思想内容,又具形式结构的育人的"文化场域"。

高等学校教育最终都要落实到一系列用以培养人才的课程上。一所高等学校,学校系统再好,如果没有作为实体或课程组织形式的整体优化的(或以"专业"为单位的)课程体系加以配合,学校的培养目标就无法实现。高等学校课程体系主要解决两个相关的问题:一是实现培养目标应选择哪些课程及其内容的深度与广度;二是各课程间在内容和呈现方式上如何互相配合和衔接。从宏观来讲,所谓课程改革,首先就要解决好课程体系的整体结构问题。课程改革绝不是增加或减少几门课程的问题。对于课程体系的整体结构,应当多角度、全方位地考察和探究。从课程内容来看,要解决好德、智、体等各方面的课程门类、课时比例及其相互关系的问题;从课程范畴来看,要解决好课堂教学与课外活动、社会实践活动的比例和相互关系的问题,正式课程与非正式课程的关系问题;从课程形态来看,要解决好分科课程与综合课程、活动课程的相互关系的问题;从课程类型来看,要解决好必修课程与选修课程的比例和相互关系的问题,在选修课程中又要处理好任选课程与必选课程的相互关系的问题;等等。这些问题的解决,都需要处理好课程体系内部的一些结构要素的关系,为学习者成为不同层次、不同类型、不同规格的人才打好基础,使他们成为全面发展的人才。

高等学校课程体系是培养未来人才的发展性系统。教育的力量是从整体发出的，课程体系并不是由互不关联的独立部分拼凑而成的，它是具有特定功能的指向未来人才发展的系统。教育不是为过去培养人才，高等教育更不是培养被动适应社会发展的高级人才，因此，高等学校课程体系作为影响大学生终生的知识结构和职业适应力，从而影响社会创造力的重要途径，是为人才设计的超越过去、改造社会的发展蓝图。这一设计蓝图不是预先给定的"专业框架"，而是大学生根据社会发展需要、学校的实际情况以及自己的兴趣爱好等，在目前条件许可的范围内对自己未来前途的理想谋划，是"以实际选修课程的主干性结构体现其专业和就业方向"的运筹。针对学习者身心发展的要求，高等学校课程体系从强调学习内容到强调学习者的体验和经验，从强调计划到强调人才培养的本质，其根本规定之一就是，人是创造的主体。把"人的培养"观念整合到课程体系中，促进人的创造性发挥，才能形成对人的全面发展的终极目标的追求。可见，高等学校课程体系是走向未来的，是发展的，是对大学生未来前途和生活的定向。

科学、技术、艺术、生产活动某一领域选定的知识和技能的系统。根据内容分为通识教育课程或专业课程，后者决定人们培养专门人才的业务方向。这个课程定义所框定的范围也是一个课程体系。这样就很容易混淆课程与课程体系的界定。将课程的概念与课程体系的内涵分开，有利于教育研究和人才培养思路的理清。

如此，高等学校课程体系的实质是提供给一个人去占领人类创造和积累的知识世界和选择文明方式的发展蓝图。高等学校通过以课程体系为主体的培养方案的实施，向每一位求学者提供一套学会生存与发展的知识、技能和素质体系，高等学校课程体系犹如大学针对社会的不同需要，向不同学科、专业及层次的学生提供的不同的"菜谱"，每一位学生可以据此选择喜欢的菜单并品尝"美味佳肴"，以汲取自己需要的适合现实和未来社会经济发展的知识、能力和素质。

在人人都可以接受教育的社会，受到自己所需要的教育是每个人追求的理想。因此，高等学校课程体系是人才培养的总体蓝图，是大学生个体发展的适应指向。

三、课程体系及课程论流派

课程体系是指同一专业不同课程门类按照门类顺序排列，是教学内容和进程的总和，课程门类排列顺序决定了学生通过学习将获得怎样的知识结构课程体系。课程体系是育人活动的指导思想，是培养目标的具体化和依托，它规定了培养目标实施的规划方案。课程体系主要由特定的课程观、课程目标、课程内容、课程结构和课程活动方式所组成，其中课程观起着主宰作用。

课程体系是在一定的教育价值理念指导下，将课程的各个构成要素加以排列组合，使各个课程要素在动态过程中统一指向课程体系目标的实现。系统的课程体系是实现培养目标的载体，是保障和提高教育质量的关键。课程体系是一个或一类专业所设置课程相互间的分工和配合，它是教学计划的核心所在。

课程体系是否合理，直接关系到所培养人才的质量。课程体系总是在一定的课程原理指导下进行的。最具代表性的课程论有以学科为中心、以经验为中心、以知识结构为中心和人文主义课程论等几大流派。以学科为中心的课程论一直在我国高校占有统治地位，该理论主张将各门课程包含的事实、法则、结论都配置在一定的程序和系统中，根据学科知识固有的逻辑体系编排课程。以经验为中心的课程论强调以学习者的经验和与之相关的社会生活过程为基础来组织课程，强调学习者"从做中学"，根据生活经验的发展顺序编排课程，着重于学习者本身的经验积累而不是知识点的传授，以知识结构为中心的课程论强调把学科基本结构与学生智慧发展的顺序有机结合，以学生可以理解的形式加以编排。人文主义课程论则主张课程应有益于人的尊严、人的潜能在教育过程中得到实现和发展，着重强调了对学生人文素养方面的培养。对于高等教育改革，观念转变是先导，体制改革是保障，教学内容和课程体系改革是核心，经费投入是前提。因此，高等教育改革进入关键时期时，课程体系就是我们关注的重点。

四、创新创业教育课程体系的特殊性

创新创业教育课程体系是创新创业教育的形式，也是创新创业教育的平台和依托。现阶段我国的学校均未设置独立的"创业专业"，创新创业教育更多地是在既有专业教育的基础上发展和延伸，其课程体系也依托既有课程，以显

性课程和隐性课程来实现，以单独的"创业学"学科为中心的创新创业课程体系也就没有生存的空间。而以经验为中心编排的课程体系，往往会使学生忽视知识本身的逻辑顺序，可能导致大学生只学习到一些零碎的经验、片段的知识。若以知识结构为中心来编排课程体系，往往又会过分强调理论而降低实践的重要性，无益于创新创业实践的落实和经验的积累。

五、创新创业教育课程体系的课程论选择

选择创新创业课程体系所依据的理论不必拘泥于某一种课程论。蒂蒙斯创业教育的课程体系设置就是以经验中心课程论为主导，同时又兼顾了学科中心课程论和人文主义课程论的指导，是结合了两种课程论各自的优势整合而成的，并取得了一定的成效。借鉴蒂蒙斯的成功经验，结合我国的国情，我国高校创新创业教育课程体系设置宜以人文主义课程论为基础，以学科中心课程体系为支撑，逐步发展以经验中心课程论为指导的课程体系。首先，我国高校隐性的人文主义课程较为丰富，只要稍加改造即能凸显创业教育，不需要在学校学科课程体系外另起炉灶，而可以把创业教育思想向学科专业课程渗透。这样就可以有效地利用现有的课程资源，使教育过程简约，有事半功倍之效。其次，我国高校学生一直受学科中心课程论的影响，有自觉、自然编排创业课程体系的可能，可以选择在文科类学科专业渗透"智力创新"思想、在理科类学科专业渗透"技术创业"思想。最后，我国高校内尚缺少创新创业型教师，依赖教师开设实践性课程受到很大的制约，以经验为中心的课程有待逐步发展。

六、创新创业教育课程体系涵盖的内容及其模块选择

（一）创业教育课程体系应涵盖的内容

创业是具有创业意识、创业技能和创业资源的主体发现和捕获创业机会，并由此创造出满足社会需求的产品和服务以及实现其潜在价值的过程创业基本素质包括创业精神、创业心理品质、创业知识与技能三个方面：创业教育课程体系必须涵盖这三个方面的内容。①创业精神指在创业实践活动中，对个体起推动作用的个性意识倾向，主要包括创业的需要、动机、兴趣、理想、信念和

世界观等心理成分，表现为：一种自强自立的精神，坚信自己能够掌握自己的命运，并能通过自觉的奋发努力，实现自己的愿望和理想；一种艰苦奋斗的精神，不怕困难，勤俭节约，无私奉献，埋头苦干，务求实效；一种开拓创新的精神，有推陈出新的意识，实事求是，与时俱进，不断开创新的局面。②创业心理品质。包括强烈的自立需要和创业欲望，独立性和合作性兼备、敢为性与克制性并存、坚韧性与适应性相依的心理品质。③创业知识与技能，以烹饪专业为例，包括烹调的专业知识与技能、餐饮行业的经营管理知识与技能。后者具体指识别和评估市场机会、制订创业计划、获取资源、新创组织管理等几个环节。借鉴先进创业教育经验，结合我国高等教育的实践，归纳和总结我国大学生创业教育在课程内容设置上应包括以下四个方面的内容：创业意识、创业知识、创业能力和创业心理品质。创业意识主要包括创业需求、动机、兴趣、理想、信念、世界观的形成和培养，不仅要培养学生的创业自我意识，更要培养学生的创业社会意识；创业知识主要包括专业职业知识、经营管理知识和综合性知识的传授和教学，在传授职业知识的同时，重点是教会学生有效的学习方法，树立主动学习、终身学习的观念和善于运用知识，开阔知识视野的本领；创业能力主要包括专业职业能力、经营能力、独立工作的能力以及技术、社交和管理技能的综合能力；创业心理品质主要包括独立性、敢为性、坚韧性、克制性、适应性、合作性、缜密性、外向型等品质的形成和发展。

（二）我国现有创业教育课程体系的构成

与一般的学科知识传授不同，我国高校所进行的创业教育是针对所有学科、专业的学生的，是素质拓展的一部分，也是就业工作的一个组成部分。它不以单独的学科或专业形式对学生进行理论和实践的教学，而以显性课程和隐性课程的配合渗透为特征，进行创业理念和创业技能的传播。其中，显性创业教育课程是指高校以直接的、明显的方式呈现的课程，通过课堂教学和实践教学向学生传授创业知识，培养创业兴趣，包括学习创业基础理论知识的创业学科课程、进行创业演练的实践课程，隐性创业教育课程是指高校以内隐的方式间接影响学生的身心发展、培养学生的创业能力和创业精神的课程，包括可以转化为创业资源的专业课程、强化创业意识的活动课程、营造创业文化氛围的

环境课程。两者相互交叉融合，才能形成高校培养学生创业精神和提高创业能力的课程体系。

（三）创业基本素质的具体课程落实

通过校园创业环境的长期熏陶，高校可以养成大学生的创业意识。高校可以通过校园景观设置、学校广播、校报和校园网等资源，及时宣传国家针对大学生创业而实施的优惠政策，报道创业中涌现的先进人物，为大学生营造良好的政策环境和校园环境，逐渐激发学生的创业意识。

通过活动课程塑造学生的创业心理品质。通过举办创业计划大赛，组织创业协会，办创业论坛和创业沙龙，请企业高层人员到学校做讲座，等等，促进大学生完善创业所需的心理品质；通过科技发明大赛激发学生的创造性，通过户外野营生活挑战活动培养学生的自信心，通过户外拓展训练培养合作性和竞争性，为学生创业奠定良好的心理基础。

通过专业课程推动学生掌握专业知识和技能。学生通过所在学科专业的课程学习，为创业储备可转化为创业资源的本专业的专业知识和技能，为创业提供良好的支撑。

通过创业学科课程掌握创业理论知识：创业学科课程主要包括与创业相关的企业经营管理知识、法律知识、心理学知识等。例如，通过开设"创业学""创业管理学"使学生掌握分析市场、运作项目、筹集资金、企业运营管理等方面的理论知识，使之能在创业实践中准确运用理论知识指导创业实践活动，在创业的不同阶段把握好不同的机遇，从容面对各种问题。通过开设"公司法和合同法"使学生了解在经济社会中与创业相关的现行法律制度，掌握企业在运行过程中遇到的法律与政策问题，熟悉各种创业法律规范，从而使学生能够在创业的过程中运用法律的武器来维护自己的权益，做个懂法、守法的创业者。通过对"创业心理学"的学习，学生能够在今后的创业过程中积极调整心态，做到创业成功时不骄傲，创业失败时不气馁。

通过创业实践课程提高创业实践能力。由于师资力量不强、教学时间不足、教学条件欠缺等原因，当前我国创业实践课程不多。现阶段大部分高校主要通过经营者角色模拟等方式落实市场调查、创业前期准备、创业步骤实施等实践

课程，提高学生的创业实践能力。

七、分层组织创业课程体系，实施四阶梯实践课程

如前所述，我国现阶段创业课程体系宜以人文主义课程论为基础，以学科中心课程体系为支撑，逐步发展为以经验中心课程论为指导来设置和完善。以此为指导思想，我们可以分层组织创业课程体系，并以四阶梯法强化创业实践课程的实施。

（一）第一层——面向全体学生的普及性创业教育

针对"隐性课程较多，显性课程不足""隐性课程之间，显性课程与隐性课程之间的联结不明显"的现状，可以通过增设显性课程、加强制度化建设等方式加以改善，使面向全体学生培养创业基本素养的普及性创业教育得以实现。

通过制度化建设在隐性课程中落实创业教育理念，基于社会变革对创业人才的需求，有必要在国家政策和高校发展战略中做出制度化的引导和规范规定人才培养目标中应该增加创业人才培养，专业教学计划中要体现实施创业教育的课程体系，在相关隐性课程大纲中要适量加入创业教育的章节、案例或实践方案设计，明确与显性课程的连接。应将创业教育的精神融入文化课、专业基础课和专业课的课程教学之中，在专业知识的教学过程中渗透创业知识，培养创业意识与心理品质。

通过增设与创业直接相关的经济学、管理学、法学等显性课程，弥补创业显性课程的不足，培养学生的创业意识。

（二）第二层——面向少数学生的进阶性创业教育

与普及性创业教育注重意识、品质的培养相区别，针对"理论灌输为主，实践演练较少""宣传风险意识，促进风险控制技能提高的较少"的现状，进阶性创业教育着重创业体验和创业实践。本文设计了"案例教学""模拟创业""草根创业"和"精品创业"四阶梯来落实进阶性创业教育，促成毕业生成为"工作岗位的创造者"这一创业教育目标的实现。

1. 案例教学

案例教学是教学过程中引用典型案例，通过师生对案例的分析、探讨，提炼掌握理论知识，进而用理论指导实践的一种教学方法。在创业教育中进行创业案例分析，可增进学生对创业教育理论的理解，提高学生学习的兴趣，强化参与意识，促进学生积极思维，提升学生分析、表达、理论联系实际、解决实际问题的能力。对成功案例、失败案例的分析、讨论，可以帮助学生从经验中学习，将经验和教训上升到理性层面，是创业教育不可或缺的一种教学方法，是进阶性创业教育的第一个阶梯。

2. 模拟创业

模拟创业是指模仿创业或尝试创业的学习、体验与参与过程，在模拟创业过程中，可以让有志创业的学生初尝创业活动的酸甜苦辣，在经过一番演练后，找到最适合自己的创业方向与目标，为日后全身心投入创业实践奠定知识与能力的基础。一般来说，模拟创业较案例教学更进一步，能够让学生得到创业的初步体验，它构成进阶性创业教育的第二个阶梯。"创业计划竞赛"活动：参赛者以自由组合的方式形成5～6人的优势互补的竞赛小组（模拟公司），通过社会调查选择创业项目，进行多种创业途径分析，形成创业思维，提出一个具有市场前景的技术产品或者服务；围绕这一产品或服务，以获得"风险投资家的投资"为目的，完成一份完整、具体、深入的商业计划，包括公司的介绍、产品与服务调查、市场分析、竞争营销策略、公司组织结构、人力资源管理以及财务分析等，提出创业者对新企业的蓝图、战略、资源和人的需求等的构想。学生针对一项经营业务或考虑成立一个小型企业撰写创业计划书，最后进行课堂汇报。在创业计划书的撰写过程中，学生不仅要主动学习和综合应用创业计划书所涉及的各方面的知识，调查现实中相关的企业和市场，而且还要在完成任务中进行团队合作和分工，获得创业的感性认识和实践经验。创业计划书是创业教育课程体系中的内容，是创业课程综合学习的考核依据。

沙盘模拟又称沙盘推演，是通过引领学生进入一个模拟的竞争性行业，由学生分组建立若干相互竞争的模拟公司，围绕形象直观的沙盘教具，实战演练模拟企业的经营管理与市场竞争，在连续从事3～4期的经营活动、经历荣辱

成败的过程中提高战略管理能力，感悟经营决策的真谛，在沙盘模拟训练中，每个团队的成员各代表着CEO、财务总监、销售经理、生产经理和采购经理等管理角色，模拟的实际运行状况涉及企业整体战略、产品研发、生产、市场、销售、财务管理、团队协作、绩效考核等多个方面。在多个会计年度的经营决策中，学生们将遇到企业经营中常出现的各种典型问题，团队成员必须一同发现机遇、分析问题、制定决策并组织实施，他们的决策或许成功，或许失败，学员就在成功或失败的体验中，掌握经营管理技巧，感悟经营决策真谛，形成正确的经营思路和管理理念。沙盘模拟是一种在犯错误中认识错误、改正错误、提高自己而又不使现实公司蒙受任何实际损失的理想课程。通过沙盘模拟培训的实际演练，学生能深刻认识企业运行的竞争态势，使原有的理论知识与管理实践更好地融会贯通，对今后的经营管理有很好的指导意义。

3. 草根创业

草根创业是指学生通过提供劳务经营自我、改善财务状况的创业活动，具体形式包括开发和经营专利技术、提供技术服务、家教服务乃至从事以体力劳动为主的劳务服务，也包括摆摊、设铺等个体工商户形态的创业活动，草根创业具有低成本、低风险、易实践的优点，也是真正意义上的创业——"创造工作岗位"。

之所以将草根创业作为进阶性创业教育的第三个阶梯，原因如下。首先，在当前国情下，大学生的家庭收入普遍不高，融资办企业是相当困难的。因此，通过提供劳务进行创业，无疑是比"创办企业"更加普遍的一种大学生创业形式，也是开展创业教育的重要方式和途径。其次，对于缺乏资金和管理经验等条件的大学生而言，通过为社会和他人提供服务，可以在实践中培养艰苦创业的精神，磨炼吃苦耐劳的品质，学会自立自强；还可以培养适应社会的能力，增加创业的体验，熟悉社会环境，学会社会交往。最后，在学习了诸多创业案例、撰写了创业计划书、在沙盘推演中取得优胜后，学生是不是就可以开公司、办工厂了呢？答案是否定的。要使创业取得成功，大学生还需要从自己现有的资源出发，通过技能输出、服务输出等形式，尝试以有限的资源做好经营管理，控制成本收支。只有做得好小买卖，才能去开大公司。长沙金融专业的大学生

从做洗脚工入手,掌握按摩技能和开店技巧;郑州物流管理专业女大学生从做擦鞋工到绘制"擦鞋公社"蓝图;长春电子信息技术专业女大学生从做豆腐入手,琢磨顾客口味,到筹建豆制品工厂;等等。诸多草根创业成功的事例表明,从草根的服务行业入手,通过摊位、小商铺的经营入手进行的创业,是比较稳妥的创业途径,也是比较容易的创业教育途径。

4. 精品创业

创办企业是大学生创业的高级形式,是进阶性创业教育的第四个阶梯。以学生为主体,创办小型公司进行经营活动,这条途径对一般学生来说,可望而不可即,但对有创业眼光、创业胆魄、创业能力和创业条件的人来说,这往往是通向成功的金光大道。从创业教育的进阶性目标出发,学校可以选择专业支撑强、产业前景好、拥有优秀创业团队的创业项目,通过设立创业孵化器、大学生创业风险投资基金、大学生创业咨询专家团等形式,予以引导、支持,实现真正意义上的创业。

上述四个阶梯都着重创业实践,并有着逐步递进的内在联系,落实四阶梯教学,能够较好地实现创业教育的进阶性目标,加强创业教育,不断探索大学生创业教育的模式和途径,是教育工作者首先要做好的工作,而调整课程体系的内容、构成与组合,落实创业教育的基本目标,是培养更多有创业意识、创业能力的创业人才的必由之路。

创业教育所设置的课程相互间的分工与配合,构成了创业教育课程体系,课程体系是否合理直接关系到培养人才的质量。高等学校创业教育课程体系主要反映在基础课与专业课、理论课与实践课、必修课与选修课之间的比例关系上。大学生创业教育课程体系对于高等教育的教育方法和教育方式的改革有着重要的现实意义,大学生创业教育课程体系包括创业教育的培养目标、课程内容、创业教育的方式和方法三个部分。

(1) 大学生创业教育课程的授课形式

根据大学生创业教育的培养目标,借鉴开设创业教育课程学校的授课经验,我国大学生创业教育课程主要有以下3种授课形式:公共选修课和必修课,独立授课和融入其他专业授课,针对性授课(针对商业、经济、管理类的学生开设专业选修课和专业必修课）。

公共选修课和必修课：大学生通过公共选修课学习大学生创业教育课程可获得相应的学分。面向普通大学生开展创业教育课，其主要目的是在大学生中进行创业者精神和创业者能力的培养，以此来增强大学生的创业者品质。出台促进大学生就业的相关文件，提出加大大学生就业指导课力度，大学生就业指导课在各高校成为必修课，不少于38学时。

独立授课和融入其他专业授课：创业教育不是一个独立的教育体系，但它是对传统的适应性、守成性、专业性教育的改造、延伸和提升，是基础教育、职业教育和继续教育三大教育体系的整合，是知识教育、能力教育和情感教育的整合，创业教育可以融入其他专业的课程中，根据专业特点对学生进行创业教育。

针对性授课：针对商业、经济、管理类学生开设专业选修课和专业必修课，根据学生专业特点，让他们从创业教育中了解创办企业和运营企业的基本流程，在他们专业的课程体系中增设创业教育课程。

（2）大学生创业教育课程设置的目标

我国高校创业教育是由联合国国际劳工组织、共青团中央和全国青联共同开发的KAB创业教育（中国）项目，我国正式起动KAB创业教育（中国）项目并获准改编教材，成为高校普遍推广的"大学生KAB创业教育基础"课程，课程的总体目标是培养"企业家型"的复合型人才。其具体目标如下：

①培养学生的创业意识，使学生能够正确认识企业在社会中的作用和自身的价值。②为学生提供创办和经营小企业所需的基本知识和技能。③提高学生的就业能力，使学生能够在中小企业以及缺乏正规就业机会的环境下有产出地工作。④鼓励学生把创业和自我雇佣作为理性职业选择。

"大学生KAB创业教育基础"课对学生进行创业者精神、创业者素质、创业者心理品质以及企业家精神教育：在学生心底埋下创新创业的种子，结合社会上适合于大学生创业的环境，使大学生不仅成为工作岗位的拥有者，而且会成为就业岗位的创造者。

（3）大学生创业教育课程的开展形式

大学生创业教育的方式和方法应该构建以创业教育与其他学科相互结合、相互渗透的内容体系；形成与学科课程、活动课程、实践课程相互结合、相互渗透的课程形式结构体系。

创业教育在公共选修课教学过程中应以案例教学为主，把典型的案例分析放到整个教学过程中，可以帮助学生感悟创业理念、了解创业规律，同时还能够通过鲜活的案例教学让学生体会到创业者在创业过程中所体现的创业能力和创业精神；融入其他专业的授课方法，在授课过程中应根据专业特点渗透创业教育，把传统的专业技术、专业课程与创业教育课有机结合起来。

针对商业、经济、管理类学生开设创业教育课程应采用教育与实践相结合的方法。由学校成立创业教育中心，构建科学、合理的创业教育课程、研究计划和外延拓展计划，使学生能够在学校有计划地参加校园创业计划大赛，有组织地进行社会、企业之间的联系，增强学生与企业家的交流。

八、大学生创业教育课程体系运作的保障措施

（一）提高学校对创业教育的认识

我国高校的创业教育还属于经济学领域，还没有成为一级学科，甚至都不是二级学科；各个高校都有相当一部分人在做这方面的探索，但是还没有被系统地纳入国家的教学计划中。

长久以来，高校的创业教育课没有被列入正常的教学计划，而作为一门辅导课，也只在大四第二个学期进行教学，上课时，学生都在跑市场，找工作，没有足够的时间和精力坐在课堂上听课。创业教育主讲师资属于"学院派"师资，主要来自负责学生就业的行政部门和负责商业教育的教学部门。这些师资大多缺乏创业实战经验，甚至没有在企业就业的经历，还有部分教师因为从事行政工作的关系，专业进修机会少，教学技能相对欠缺。虽然为了加强创业教育的实践性，大多数高校聘请了一批企业家（或创业人士）担任客讲教师，但实践证明，尽管这种安排受到学生的普遍欢迎，却缺乏组织协调、制度保障和资金支持，加之外请的部分创业者或企业家缺乏教学经验，教学效果也有待改善。

（二）加强对创业教育师资队伍的培训

学生缺少创业的相关知识，缺乏对创业过程的了解和实践，毕业后马上进行创业是导致学生就业率低的主要原因，可见学生在校期间如果接受系统的创业教育，对其就业将产生巨大的推动作用。

自从在中国人民大学、清华大学、北京航空航天大学、黑龙江大学、上海交通大学、南京经济学院、武汉大学、西安交通大学8所高校进行试点创业教育探索以来，各试点院校开始了各具特色的创业教育实践探索。经过几年的摸索和实践，形成了较为成熟的创业教育模式。但这些较为成熟的创业模式由于受时间因素的影响，还没有完全在全国推广开来。

感悟知识在创办企业过程中的核心价值，评估企业风险、提高企业服务质量等，增加大学生运营企业的实践机会，为大学生创业教育提供更加真实的舞台：大学生创业教育的课程体系服务于大学生，通过实践与教学相结合的课程体系使学生掌握所学知识，并在实践中学以致用，从而提高了学生的学习兴趣，增加了学生的学习能动性，提高了学生把所学知识转化为生产力的效率。合理的创业教育课程体系为培养社会急需的有知识、懂技能、具备创业特质的优秀人才奠定了坚实的基础，创新型的人才符合我国全面建设小康社会所需的人才供给和社会需求的用人结构的要求，所以构建大学生创业教育课程体系，培养创新、创业型实用人才是我国现阶段高校教育改革和发展的总体目标。大学生创业教育课程体系需要长时间在实践中尝试和探索，总结和归纳各个高校的办学特色、不断更新我们的教育观念，构建大学生创业教育体系，为社会的发展培养创新、创业实用型人才。

第三节 创新创业背景下人才培养模式实践体系的构建

实践教育是创新创业教育必不可少的环节，是培养大学生创新创业意识、创新创业能力的具体途径。培养学生创新创业，最重要的是将创新创业思想体系、知识能力结构体系和实践教学体系融为一体，形成使知识快速转化成能力的教学体系。

一、创新创业背景下人才培养模式实践体系构建的必要性

（一）国家提升创新能力的需求

青年是国家和民族的希望，创新是社会进步的灵魂，创业是推动经济社会发展、改善民生的重要途径。21世纪是创新的世纪，创新和创业成为这个时代的主题，创业是实现创新的过程，是创新的重要体现，而创新是创业的本质和手段。进入21世纪以来，人才成为各国相互竞争的核心，也成为衡量一个国家和民族创新能力的重要指标之一，大学生的创新创业能力也就成为我们国家实现创新型国家的重要因素，这就必然要求承载人才培养功能的高校积极承担起创新创业教育及实践的育人功能，从而形成国家创新发展的"人才储备库"。因此大力开展创新创业实践教育，不仅是个人的认知与需求，更是国家战略发展的必然要求。

（二）发展区域经济社会的需求

高校与区域经济社会发展联系紧密，旨在服务于地方经济社会发展。当前，地方经济的转型升级与可持续发展的根本在于依托人力资源优势实现从"资源驱动"向"创新驱动"的转变。高校创新创业教育实践工作在一定程度上能够培养适应地方经济社会发展所需的创新驱动的人力资源，同时，地方经济社会发展又为高校开展创新创业教育实践工作提供了平台和载体。因此，高校创新创业教育工作必须坚持立足地方经济社会发展的现实需求。

（三）高职教育自身发展的需求

1. 高职教育人才培养目标的需求

从高职教育人才培养目标的视角来看，高职教育应构建一种具有"高职特色"的创新创业人才培养机制来提升高职教育的核心竞争力。高职教育占据我国高等教育的半壁江山，随着高等教育的深化改革和转型，在人才培养中发挥着举足轻重的作用。从长远角度来看，高校的核心竞争力之一，就是培养当代大学生的创新创业能力、企业家精神和人文素质，并形成完整的理论体系和实践机制。这就要求高职教育加强就业创业教育，提高人才培养质量。因此，在创新

创业教育发展过程中，加大创新创业教育实践的力度，培养大学生的实践精神、探索精神、创新意识和创业能力，将成为未来高职教育提升核心竞争力和发展的有效途径之一。

2. 高职教育人才培养模式的需求

从高职教育人才培养模式的视角来看，高职教育应转变观念，探寻人才培养新模式、新方向。创新创业教育是联合国教科文组织在研讨面向21世纪国际教育发展趋势时提出的一种全新的教育理念，大力发展高校创新创业教育、培养创新型人才已成为各国高等教育发展的共识。随着中国经济的改革发展，创新型产业将成为中国未来经济再次腾飞的动力，而创新创业教育就是创新型经济的原动力。但如何确立一种有效的模式，尤其是可参照、可借鉴，特别是可复制的人才培养模式，更应是当前高校在积极探索创新创业教育可行性路径的同时，必然要面对并研究的基本课题。

实践教育是创新创业教育不可缺少的环节，创新创业精神、创新创业能力需要学生在学校学习阶段逐渐培养，通过系统的理论教学和实践教学活动，向学生传递生产经验和社会生活经验，引导他们树立创新创业意识，掌握创新创业的知识和技能，启迪思维，发展兴趣，注重创新创业精神的培养和就业观念的转变。

创新创业是一项实践性很强的工作，创新创业教育旨在培养学生的创新意识、创新思维和创业能力等综合素质，这些都必须通过实践教学的形式得以实现。所以，实践教育对于创新创业教育的意义是显而易见的。

创新创业能力的培养需要学生参加系统的理论学习和实践活动，需要在教师的引导下树立创新创业意识，启发创新创业思维实践教育教学更能引起学生的兴趣，使学生深刻体会到创新创业必须具备的素质和能力。因此，实践教育教学是创新创业教育的核心，如果脱离了实践教育教学，创新创业教育就变得毫无意义。

（四）大学生自我价值实现的需求

创新创业教育实践能够充分发挥大学生自身的主观能动性。在创新创业实

践过程中，大学生自身能量的发挥起着关键性的作用，而指导老师或者教育者仅仅起到启发、教育、指导和引导的作用。作为一名创新创业者，在整个创新创业行为的全过程中，大学生都能够充分发挥主观能动性，对企业进行决策和管理，所有的一切都是大学生个体自主行为的选择和执行，通过创新创业实践使他们的思想得到了充分的释放，使他们的才华得到了充分的施展。

创新创业教育实践过程是大学生自我极限挑战的过程。人类极限挑战主要包括精神和身体两个方面，创新创业过程的艰辛和付出可以让大学生在创新创业过程中得到体会；创新创业的风险性和不可预测性又可以磨炼大学生的韧性、毅力和情感。总之，创新创业实践不是对大学生单一性的考验，而是综合性的极限挑战，实践是创新创业者锤炼自己的最好平台。创新创业是一项社会实践活动，学生的创新创业意识、创新创业精神、创新创业思维等创新创业综合素质，要付诸创新创业实践才能折射出其价值和意义，创新创业能力和素质也必须在实践中才能得到锤炼和固化。

二、创新创业背景下人才培养模式实践体系构建的目标

本着为区域经济社会发展服务的宗旨和出发点，基于当前高校创新创业教育实践的现状和开展形式，构建具有高职特点、符合高职定位的创新创业教育实践体系，即以创新、创造、创业、创优"四创"人才培养为目标，以校内外实践课程体系、校内外创新创业实践基地平台和各种创新创业活动为载体，紧密结合社会发展和专业优势，对学生的创新创业意识进行引导，对创新创业想法进行转化，对创新创业项目进行模拟，对创新创业教育内容进行实践，着重培养大学生的创新精神。通过创建新型的创新创业教育实践的平台和载体，营造健康和谐的创新创业教育实践的环境与文化，深化高素质技能型人才培养的模式和途径，培养学校学生的创新思维，传授学生的创业知识，提升学生的创业技能，塑造学生的创业精神，提高学生的社会责任感、职业荣誉感和历史使命感，从而使学生能够全面发展且有机会从事创新创业实践活动。积极践行"创新创业是当代大学生个体自我成长、全面发展和价值实现的有效途径"的创新创业教育理念，通过一系列创新创业教育实践活动和政策措施将创新创业教育

实践目标转化为大学生创新创业实践的具体行动。

三、创新创业背景下人才培养模式实践体系构建的原则

（一）本着为区域经济发展服务的宗旨

基于当前高校创新创业教育实践的现状和开展形式，本原则要符合创新创业背景下人才培养模式实践体系构建的目标。

（二）适应区域经济和社会发展需求的原则

学校应建立"创新创业教育区域化"的理念。创新创业教育和区域经济社会发展的关系体现在三个方面：学校创新创业教育依托区域经济社会的发展，区域经济社会发展引导创新创业人才的知识能力结构，创新创业教育促进区域经济社会的可持续发展，构建创新创业教育实践教学体系要体现地方产业结构和社会需求特征，围绕地方创新创业人才的知识能力结构设计实践教学内容，利用区域经济社会资源建设实践教学环境和丰富实践教学的真实素材，如选取来自地方生产和管理一线的实践教学案例，服务地方企业的真实实务运作等。

（三）融合专业教育和适应岗位需求的原则

学校应树立科学的"创新创业教育观"，创新创业教育本质涵盖专业教育的全部内容，即在专业教育基础上增加专门的创新创业素质教育，将创新创业教育理论和实践教学融入专业理论和实践教学体系，创新创业教育实践教学培养目标符合专业教育培养目标及专业人才培养的规格和要求，创新创业教育实践教学内容适应职业岗位群的应用能力和职业技能水平及标准，创新创业实践教学计划和课程与专业实践教学计划和课程体系有机融合，职业素质和创新创业素质得到同步提高。

（四）融入理论教学和体现阶梯连续性的原则

学校创新创业教育应建立"做、学、教、考一体化"的教学模式，实现显性课程与隐形课程相结合，专业课程、活动课程与实践课程互动，避免理论教学和实践教学脱节。创新创业教育实践教学要体现出阶梯层次性，体现从感性

认知到理性应用的逐步深化,实践教学将贯穿整个大学创新创业教育教学过程中的各个环节和各个阶段,并保证教学过程的各个阶段、各门课程和环节之间的衔接和连续,保持实践教学安排的相对稳定性。

(五)尊重学生个性和体现学生主体性的原则

学校应结合学生的专业背景、知识背景、性格特点和学习动机等个体差异和个性化需求开展创新创业教育,在掌握知识技能的基础上,有针对性地进行个体化的实践教学活动,促进学生的个性发展。创新创业实践教学中转变教师的角色,体现学生的主体地位,启发学生独立思考,引导学生团队合作,激发学生创新思维,培养学生的创新精神和创业能力。

(六)利用校内校外和软性硬性资源的原则

学校创新创业实践教学资源分为两种:一是软性资源;二是硬性资源。软性资源即学院团委、学生会、各种协会或中心等社团组织,利用软性资源开展创新创业实践活动,营造学院创新创业氛围,培养学生创新创业能力硬性资源即学院内可供开展创新创业实践教学的场地、设施、设备以及现有经营主体等,利用硬性资源为学生提供创新创业实践平台,丰富学生的创新创业感性体验。另外,依托专业实践教学内容,充分利用社会资源,建立校企协作关系,形成内外联动的培养模式,让学生为相关企业服务,建立"双赢"的服务体系。

四、创新创业背景下人才培养模式实践基地和平台建设

(一)完善校内实训基地建设

完善实训基地功能,提升实训基地档次和硬件建设。继续打造实现实训中心职业技能运用、职业能力训练和职业素质培养的主要职能,继续开设面向行业的实训课程,同时承担各种以模拟实际职业环境的训练方式进行的培训,缩短学生就业前与企业岗位技能要求的差距,提升学生的创新创业实践能力,满足多层次人才实训的需求。

（二）提供校内创新创业教育实践平台和载体

创新创业教育实践的困难在于为学生营造客观、真实的创新创业实践环境，提供大学生能够真正地从事创新创业的有效平台和载体。为满足大学生创新创业实践的客观需求，应当统筹规划校园空间布局，优化设计大功能区域。

（三）构建创新创业优化扶持体系

创新创业教育实践有利于不断完善学生创新和创业的创新创业扶持体系，提供学生创新和创业的制度保障，依托学校教学酒店，成立创新创业指导中心，并专门设立大学生创新创业扶持基金，通过对创新创业项目的遴选、孵化、扶持、跟进、指导，使创新创业项目从萌芽、发展，直至壮大，有了一定的市场竞争力，创新创业项目才能健康、持续地发展。

创新创业内容涵盖技术研发、文化创意及商务服务等领域：通过项目负责人申报、组织专家对申报项目进行遴选的方式决定最终入选的扶持项目，项目负责人都由学生担任，学生组织团队，写策划书、申报书等，负责人需依次对项目创意、团队组织、市场评估、营销策划及运行现状等内容进行介绍和展示，专家评审认真听取项目汇报，并对照评分标准给予项目评级，遴选优秀项目入选扶持项目，项目入选以后，需为学生提供创新创业环境，充分发挥学生的创新创业才能。

学校不仅为在校大学生创新创业团队提供创新创业所需的创新创业场所方面的"硬条件"，而且为在校大学生创新创业团队提供资金、项目、指导和管理方面的"软服务"。

（四）搭建学生校外"众创空间"平台

利用校企合作的资源优势，搭建创新创业教育"众创空间"平台，为学生提供可持续的创新创业发展空间。通过校企合作优势的互补，发挥深度合作平台的作用，与企业建立紧密型合作关系，广泛建立校外创新创业实践基地。通过校企合作基础，为学生拓展专业实践空间和创新创业实践视野，使学生掌握坚实的专业知识，具备职业素养和创新创业能力。与合作企业建立校企合作创新教学工场。校企合作创新教学工场是学生与企业互通"耦合"的创新载体，

其组成的结构单元是：以学生为主体、教师为指导的虚拟项目和社会真实项目在校企合作创新教学工场中，学生在虚拟公司的创业实践可以和学业学分挂钩，参加创业实训项目的学生可以获得相应免修课程的资格，真正实现"教学"与"创新创业"的有机耦合。

第五章 大学生创新创业教育实践

第一节 加强校园文化建设，促进学生创新创业素质发展

一、从基础素质教育着手，培养学生的各种基本能力

我国高校毕业生就业最终要走向市场，只有各种基本能力较强、发展较为全面的毕业生，才有较强的竞争力。因此，在校园文化建设中，应把学生综合素质的培养作为重要内容。高校社团组织不是教学单位，在学生专业技能的培养中处于从属地位，那么重点应放在培养学生参与社会生活的其他基本能力上，如语言表达能力、社交能力、组织能力、心理承受能力等方面，积极拓展各种渠道，完善各种载体，建立健全激励机制，紧紧扣住提高学生的基础素质做文章。

增强校园文化活动的知识性、艺术性，提高层次和品位。校园文化活动是学生锻炼能力的重要载体。开展丰富多彩的校园文化活动，努力提高活动质量，吸引学生广泛参与，在这些实践性较强的活动中培养他们的特长和兴趣，是校园文化建设服务于学生素质发展的主要方式。只有校园文化活动比较丰富，活动质量比较高，才能吸引更多的学生参加，在活动中受到锻炼和熏陶。

加强学生社团建设，为学生锻炼能力创造小环境。学生社团是大学生接触社会、提高某一方面特长的重要组织，在学生成长的过程中具有独特的地位和作用。按照"扶植重点，鼓励一般，限制个别"的思路，要重点扶植演讲、书画、文学、艺术、英语等知识、科技、智能、艺术型社团，对这些社团加大投入，并帮助他们聘请指导老师，对其主要干部定期进行培训，创造这些社团与校外

交流的机会。对于娱乐型社团，给予适当鼓励；对于个别学生社团，要予以必要的规范和严格限制。

建立有效的激励机制，引导学生多方面发展。围绕学生素质发展的不同方向分别制定奖励办法，对于在校园文化、科技等各类活动或组织工作中表现突出的学生给予表彰，而引导学生在各个方面提高自身素质、锻炼基本能力是关键因素。要在校园中确立有效的激励机制，就要努力营造一种注重素质发展和鼓励学生积极参与活动或工作的良好氛围。

二、加强学生的德育工作，提高学生的思想道德素质

提高学生的政治思想素质与道德素质，是校园文化建设的又一项重要任务。优秀的人才孕育产生于良好的校园文化环境，校园文化建设，一方面，要服务于复合型人才的培养；另一方面，要大力推进德育工作，从培养社会主义事业的建设者和接班人的高度，塑造青年学生的人文精神，培育"德才兼备"的合格人才。

（一）抓住焦点问题

抓住焦点问题，采取多种形式，帮助青年学生树立科学的世界观、人生观和价值观。德育工作中，把理论与实际问题紧密结合，及时捕捉社会上和校园内的焦点问题，组织学生开展讨论，围绕学生关心的问题，聘请校内外专家、学者做报告、搞讲座，帮助解决学生思想疑难，引导学生端正人生观、就业观，帮助他们在人生价值中准确定位往往会有很大的收获。

（二）充分发挥大学生社会实践的作用

引导学生在识国情、献爱心、做贡献中增强社会责任感和历史使命感。社会实践是促进大学生在政治上、业务上成熟与发展的重要途径，是大学生走与工农相结合成才之路的重要教育形式。为进一步深化社会实践活动，引导大学生在社会大课堂中做贡献、长才干、受教育，提高思想水平和认识能力，一是要努力争取把社会实践明确纳入办学指导思想和工作计划，确定其合理的地位；二是要加强对社会实践规律的研究，认真对其加以指导，注意把社会实践活动

与青年志愿者行动、社会援助行动统一起来,引导学生在做贡献中识国情,增强历史使命感和时代责任感;三是要加强社会实践基地建设,努力实现社会实践活动的正规化和经常化。

三、把握时代方向,贯穿"竞争"主线,强化现代意识

未来社会对人才的要求不仅要有较强的政治思想素质、现代科学文化知识和实践能力,还必须具备现代意识。其中,竞争意识占首要位置,其次是法制意识、效率意识等。

(一)引入竞争机制,学生干部择优上岗

随着社会主义市场经济的发展,竞争机制渗透到社会生活的各个层面。校园浓厚的竞争氛围对学生步入社会、适应大环境、增强主动参与意识和心理承受能力,必将产生积极的影响。在学生会、学生社团干部选拔中可以引入竞争机制,公开竞选主席或会长,公开招聘其他干部。通过竞争上岗的干部能力强、意识新、开拓性强,会使学生组织呈现勃勃生机。

(二)培训现代专项知识和技能,适应瞬息万变的社会发展

交流的日益频繁,社会的信息化,使以外语和计算机为代表的现代专项知识和技能成为未来人才素质构成的必备条件。因此,积极开展以外语和计算机为代表的现代专项知识和技能的培训班、讲座,营造学习氛围,对于使学生熟练掌握这些知识和技能必将产生积极的促进作用。

(三)面向未来社会迅速发展的要求,强化现代意识

竞争、法制、创新、效率、民主等现代意识是未来高级人才必备的心理素质,因此,在校园文化活动中,注重形式与内容的精心设计与安排,强化现代意识的渗透,会对学生产生潜移默化的影响。

总之,高校团组织在校园文化建设中贯彻素质教育的宗旨,主要途径在于广泛开展校园科技文化活动,以活动为培养载体,提高载体的效能,为学生锻炼实际能力创造各种条件和机会,为学生的素质发展提供务实的服务。

第二节 大学生创新创业教育品牌活动的实践与长效机制

一、大学素质教育品牌活动的内涵

"品牌"一词,最初多从企业角度,用以标识某种商品或服务有别于其他商品或服务的名称或符号,独特性是其属性之一。目前,"品牌"已不再是企业的专有名词,而是泛指具有代表性的事物。从这个意义上来看,大学素质教育品牌活动应是在学校的统一领导下,以特定的团队为组织基础,以提升大学生综合素质为目标的有一定代表性和影响力的活动形式。具体来说,我们认为大学生素质教育品牌活动蕴含着如下三个层面的内涵,分别是:

第一,从创新创业"品牌"的属性角度讲,必须是具有引领作用,有一定代表性和影响力的活动。这要求品牌活动需要在实现自我发展的基础上,引领他人的发展,甚至对某一领域、某一层次上的群体发展具有影响力,起到推动作用。

第二,从"素质教育"的目标角度讲,大学创新创业教育品牌活动必须以育人为第一要务,应是具有育人实效的活动。这要求创新创业品牌活动对于大学生知识、能力水平和品格修养的一方面或是几方面具有良好的育人效果。

第三,从"活动"发展底蕴的角度讲,大学创新创业教育品牌活动必须有坚实的文化根基和稳固的文化底蕴。因此,大学创新创业教育品牌活动具有的育人功能,其本质并不在于活动本身,而在于活动本身所蕴含的文化内涵。很显然,活动是文化的载体和表现形式,文化的建设与创新则是活动内涵得以拓展的必要条件。换言之,为了使承载素质教育使命的品牌活动更加富有生命力,更能体现深刻的育人价值意蕴,就必须将社会核心价值观、大学文化、学科文化、团队文化等精髓融入其中。

二、大学创新创业教育品牌活动的实践经验

在明确大学创新创业教育品牌活动内涵的基础上，结合素质教育品牌活动创建的实践，主要谈谈如下两个方面的经验。

一是将"以学生为本"作为创新创业教育品牌活动的出发点。有学者指出，当今素质教育获得广大赞誉的奥秘并不是基于其实践优势，而是基于道德和逻辑优势。而这里所谓的"道德和逻辑优势"，恰恰源自由这一概念的展开所引发的人们对教育意义的反思，包括对教育中受教育者主体地位的肯定、对受教育者能力的关注和独立人格的需求，以及对实现受教育者成功目标、人生价值诉求的回应和关怀。从这个意义上说，素质教育是一种以学生为本、以促进学生发展为根本的教育思想和实践过程，还是一种以培养学生适应社会并能在激烈的社会竞争中成就事业所应具备的成功素质为目标的教育理念和教育模式。此外，我国教育改革发展需要紧密围绕"坚持以人为本，全国实施素质教育"的战略主题。因此，无论从创新创业教育的诞生背景和学理基础来看，还是从教育改革发展的政策导向来看，创新创业教育都必须以"以学生为本"为根本宗旨，而素质教育品牌活动的实践过程也必须充分体现这一主旨思想。

新华学院素质教育品牌活动的开展正是将"以学生为本"作为出发点，以大学生为主体，以大学生自我管理为主要的活动参与方式，提升综合素质。在此过程中，大学生为了实现创新创业活动的目标，需要经过合理的自我设计、自我学习和自我控制等环节，以收获个人的自我实现和全面发展。如前所述，大学生工作室和创新教育基金项目是学校创新实践教育与大学生素质教育实施的重要载体，也是大学生自我管理、提升能力素质、自我实现的重要平台。大学生工作室是以育人为目标，以兴趣为基础，以项目为牵动，以成果为标志的学生创新团队，而创新团队的建设与活动过程主要由学生自主决定做什么、为何做、怎样做，由学生自主完成工作室管理、项目实施、成果总结与申报等工作。另外，大学生创新教育基金项目也是以大学生为主体、通过科技立项的形式，由学生申报、学校评审，利用学生的课余时间完成课题研究工作的，代表学校最高水平的大学生创新实践活动项目。

二是以先进的文化理念为依托，开展创新创业素质教育品牌活动。正如前

文所言，大学创新创业教育品牌活动必须具有坚实的文化根基和稳固的文化底蕴。因此，以先进的文化理念为依托，开展创新创业教育品牌活动是学校素质教育品牌活动实践过程中总结出的又一经验。

第一，以大学文化理念引领大学素质教育品牌活动实践。大学文化是大学发展的灵魂与内在动力，也是大学一切育人活动的内涵指向。从共性上具有学校特色的大学文化具有四层次建构体系，其中"让每个人都成功，让每个人都快乐"的核心文化理念和"一切为了学生成长、成人和成才"的学生观，始终指引着我们创新创业教育品牌活动的创建与实践过程。譬如，学校学生工作者创建的包括以课堂为载体的学困生帮助体系，以大学生创业企业孵化中心为平台的经济困难学生帮助体系，以爱心为辐射的家庭贫困生帮助体系，以一对一谈话制为保障的行为困难生帮助体系的学生四项支持体系，正是秉承学校"一切为了学生成长、成人和成才"的文化理念，以不放弃任何一个有学习困难的学生为宗旨而开展的思想政治教育活动，对于引导和帮助他们形成正确的人生观、价值观，形成完美人格具有重要作用。再如，"大学生创新教育孵化基地"，明确提出了要"建成覆盖多项专业的大学生工作室，保证每年有以创新创业教育基金项目为代表的相关在研项目。"在让每个学生都在"创新创业"的文化理念指导下，为更多学生，甚至是每个学生搭建参与创新活动的平台，提供成长、成人、成才、成功的机会，在完善大学生学科专业知识体系、培养大学生科学精神与科学思维、提升创新发展能力过程中发挥着重要的作用。

第二，以大学学科文化内涵引导大学创新创业教育品牌活动实践。众所周知，学科是大学最基本的组成单元，专业是学科知识体系分化与社会分工细化的结果，而学科专业教育便是根据国家教育行政部门规定的学科专业划分，为大学生提供的专门教育，目的是让学生掌握本学科专业的基本知识和技能，成为该领域的高级专门人才。可以说，大学教育的学科专业性决定了大学创新创业教育及其品牌活动的创建与实践过程也必须以培养大学生的学科专业素质为重点。因此，大学创新创业教育品牌活动的开展既不能绕过学科专业教育，也不能取代学科专业教育，而是应该将创新创业教育的理念和追求渗透到学科专业建设和育人的全过程，以学科专业作为大学素质教育活动的基础平台，以学科文化

作为大学创新创业教育品牌活动创建与实践的文化基点，从而培养具有学科发展能力、创新实践能力的大学生。

三、大学创新创业教育品牌活动的长效机制

我们必须明确的是，大学创新创业教育品牌活动的创建与实践过程不是一个短期的任务，而需要一个长效的机制。

（一）发挥先进文化的引领作用，形成大学创新创业教育品牌活动的柔性机制

如前所述，大学创新创业教育品牌活动不应为了活动而活动，而是要赋予创新创业活动育人的价值与使命。因此，坚持以先进文化为引领，掌握大学生创新创业教育工作的全局，并从根本上纠正师生在创建与实践大学创新创业教育品牌活动中的错误认识问题，是首要的，也是最具根本性的大学素质教育品牌活动保障机制。

（二）实现品牌化管理，完善大学创新创业教育品牌活动的刚性机制

大学素质教育品牌活动的创建与实践过程不仅需要文化的引领，而且需要不断加强和完善活动品牌化体系管理体制。从学校的实践经验来看，主要包括如下两个方面：大学创新创业教育品牌活动的组织领导机制和领导协调机制。素质教育品牌活动要融入高校全员、全程与全方位的教育实践中，就必须要在校领导的统筹领导与各部门的协调配合下开展活动，为此，学校成立了以校长为中心、副校长为主任的大学生素质教育研究中心，领导学校素质教育品牌活动创建与实践的整体工作。

（三）组织启动机制

素质教育是大学育人体系的重要环节，四个方向协同配合是素质教育活动顺利开展的重要保障，但同时，四个方向本身又具有独特的内在规定性和自主发展性。学校在安徽省教育厅科技处的领导下，专门负责全校大学生素质教育工作。

（四）人文社科组织衔接机制

学校将基地与学生处作为基础性平台，因为只有将大学素质教育与学生部相衔接，才能切实保障大学素质教育品牌活动开展的有效性。

（五）大学创新创业教育品牌活动的评估奖励机制

众所周知，没有科学合理的评估奖励机制便难以判定活动的优劣与成效，也难以形成鼓励先进、鞭策落后的环境氛围。因此，不断完善大学素质教育中心活动评估奖励机制必然是素质教育品牌活动持续推进、顺利展开的关键环节和重要步骤。从评估与奖励的角度来说，主要包括如下方面：首先，对素质教育中心活动的评估与奖励，制定了科研奖励的活动载体；其次，对素质教育中心选修课的教师的奖励与惩罚，既调动了教师科研育人的积极性，又有利于大学生素质教育活动得到切实有效的指导；最后，对素质教育中心活动中涌现出的优秀学生的表彰，对在校期间参加学术活动、社会实践、社团工作等各类活动，公开发表论文或其他类型作品，获取专利等表现突出的学生给予创新学分奖励。

第三节 应用型大学深化创新创业教育改革的措施探析

一、当前素质教育的发展趋势

一是人文与科学教育加强融合。人文与科学在现代社会是相辅相成、相互融合的共生关系：简言之，人文是指人类在社会发展中形成的社会道德、价值观念、审美情趣和思维方式，科学是指反映客观世界的分科的知识体系和客观规律。人文教育，不只是人文关怀、精神教化、陶冶情感，也蕴含着求真务实的科学态度、理性的逻辑思维、系统性原则和严密的实证方法等，科学教育不只是具有实用性的工具或技术价值，其本身还蕴含着十分丰富的思想价值、精神价值、审美价值等。在知识与学科大分化、大融合日益显著的今天，突破传统的学科界限和知识分类，以及面向现代科学前沿领域的新技术创新，使人文、科学学科的融合与渗透成为现代大学适应时代发展的必然趋势。经济全球化时

代对人才的可持续发展提出了更高的要求——能站在时代和科技前沿，了解、掌握跨学科的知识，既具有专业能力和素养，又兼具人文情怀、科学精神、国际视野的高素质人才，为此，国内一流大学对人文、科学教育予以充分重视，人文、科学教育两翼并重、有机融合，以此夯实科学基础，通过加强人文、科学教育，解决过去在单一学科教育体制下的根基不够扎实、后劲儿不足的问题，重视伦理道德、人生观、价值观的塑造，培养定性、定量、归纳、演绎的思维方式和跨学科思维能力，为人才今后的多向发展奠定扎实的基础。

二是探索通识课程设计。近年来，在高等教育日益深入的国际交流中，通识教育的思想和实践为我国的许多重点大学所借鉴。一百多年来，通识教育在欧美得以快速发展，旨在突破学科界限凝固化、专业划分过细以及单一的技能型或狭隘的专业教育模式，提高学生综合素质和适应能力，更加注重人文精神和科学精神的培养，其目标、方向与我国推行的素质教育改革基本一致；但两者在实践上各有侧重，我国的文化素质教育更强调在课外实践活动（如学术科技活动、社团活动、社会实践等非正式课程）进行拓展。而在通识教育的发展过程中，则始终将课程目标的设定直接服务于"为学生做好就业准备"的目的，重新设计课程体系，推出了系列核心课程，不仅对学生修读课程和学分有严格要求，而从教学方式、助教制度，以及对经典著作的阅读、讨论和论文的教学训练上确保核心课的质量，核心课程各大模块的设计和内容，已被国内越来越多的大学借鉴，如北京大学、清华大学、复旦大学等一批名校，均探索和建立了与其学科特点适切的通识课程体系，在通识核心课程体系和教学方式改革上积累了经验，取得了显著成效。

三是强调以学生为中心的体悟。与严谨的专业教育课程体系相比，文化素质教育的切入点和突破口在于各种内容丰富、形式多样的学术性讲座、科学研究、校园文体活动和社会公益活动，多样化的实践活动带给学生有效的直接经验和体悟，将他们的个性化需求、专业知识和能力、素养的提升有机地结合在一起。由于强调以兴趣为中心，引导学生发展兴趣爱好，积极主动地投入到实战训练中，培养分析问题、解决问题的能力，因此，学术性活动和实践活动成为扭转过度专业化教育的有效途径。大学通过开展各个层面的学术科技活动、学科竞赛活动、

社会实践活动、校园文化建设等，为学生提供促进个性发展、激发潜能和锻炼的机会，积极支持以学生为主导的实践体悟与个性化发展。

四是创新创业教育步伐加快。在世界经济步入全球化的今天，当知识、信息技术和创新型人才的竞争取代传统的资本、能源、产品质量的竞争并体现出了优势，当代中国的发展，迫切需要推崇创新精神，更需要提升创业能力。大学生作为创新历练的发源地，科学探索的先行者，开展创新创业教育，培养创新型人才，不仅是经济社会可持续发展的迫切需求，更是主动参与国际竞争的必要条件和劳动保障。如果说过去对素质教育内涵的理解，其中隐含了对创造力的培养，当前实施的建设创新型国家的发展战略，迫切需要大批创新创业人才的支撑，大学的素质教育对于培养学生的创新精神、创业意识和创业能力的内涵则更加丰富和明确。

五是开放性日益显著。开放性体现在学科之间的互补关系以及大学与社会的互动关系。一方面，由于学科知识的交叉融合，学科和专业垄断现象被彻底打破，学科之间呈现开放与融合互补的倾向，学科之间的交流加深，教学和研究领域均已不再局限于某个学科专业领域，跨学科研究还不断产生新知识和交叉学科，进一步开拓了教学和研究领域。另一方面，大学的使命——人才培养、科学研究、社会服务、文化传承创新，与现代经济社会发展密切相关。素质教育不只局限在大学校园之内，素质教育的溢出效应、形成的价值体系、弘扬的先进文化等不仅使学生直接受益，同样引领社会、造福社会，有助于提升全社会的道德水准。素质教育不是大学独善其身的事业，大学与社会加强联动，共同搭建推进素质教育的社会平台，通过文化再生产活动，直接影响着社会的精神面貌，引导着人们的行为方式，对于形成全社会代表先进思想的价值体系、对中华传统文化的继承和发展都发挥着重要作用。

二、应用型大学深化文化素质教育改革的措施建议

认清素质教育的发展趋势，立足应用型高校实际，本章对应用型大学深化文化素质教育改革提出以下措施建议。

一是人文和科学教育融入人才培养体系。在经济全球化社会发展的时代背

景下，人文和科学教育作为普适性教育，看似与专业教育没有必然联系，实际上对人的成长、适应社会有着重要作用。应用型大学的多数学生在进校后，对本科阶段的学习有比较明确的目标，就业或者继续深造，但两者都过于强调知识的实用性和功利性，而忽略了人才成长发展的一项重要内容。大学教育有必要及时让学生明确大学的学习是为了实现自身全面发展，而非仅仅是掌握一项可以谋生的技能。学习的本质除了掌握专业知识和技能，更重要的是修养的提高、素质的拓展，以及情感、意志、人格及社会性的全面发展与成长，后者正是人文和科学教育的宗旨。大学生在专业知识和技能的学习之外，还应当获取人文知识与科学知识，培养人文精神和科学精神，认识人的本质，健全人格，学会做人。正如哈佛大学教学改革报告中所描述的目标，是围绕"学生将成为怎样的人，他们离开学校后要过怎样的生活"，每一个本科生都学有所得，将他们"在哈佛所学的东西与哈佛之外的广阔世界明确联系起来，帮助他们理解和欣赏世界的复杂性，明确其所要扮演的角色"。只有将人文和科学教育真正融入人才培养体系中，大学才能培养出"知、情、意"相结合的人，兼备人文和科学素养的全面、和谐发展的人，为他们将来的学习和职业生涯提供跨学科的、文理综合的广阔视角，增强未来适应社会变化的能力。

二是深化核心课程教学改革。课程与教学作为直接触及和影响学生学习的教育活动，将素质教育深入课程层面，推行课程教学示范式改革，是激发学生的学习动力，促使他们深度学习的主要载体。应用型大学在选修课的建设中，往往只重数量而轻质量，导致选修课水平参差不齐的现象比较突出；缺乏对学生选修课的指导，学生对选修课的学习往往只注重其实用价值，他们对选修课的认识还停留在获得学分这一层面上。为提高选修课质量，建立一批具有示范效应的通识核心课程，不失为一项付出比较小，但收效比较大的举措。

三是开展获取直接经验的实践活动。素质教育的目标不仅是要突破专业，改变单一的知识结构，开拓学术视野，同时，在拓宽知识面的基础上，培养学生的科学思维、创新精神以及团队意识。在合作精神、交往技能方面，实践活动更多地把学习的自主权交给学生，带给学生的"直接经验"往往比课堂传授的"间接经验"更加深刻、持续和有效。目前，素质教育的实践体系正向多渠道、

开放式、规模化方向发展，通过一系列内容丰富、针对性强、易于操作的素质教育平台，通过科技文化活动、学科竞赛、艺术体育活动和创新创业实践等，对学生的科学思维训练、能力提升、素质拓展充分发挥作用。

四是促进创新创业教育。创新创业教育在多学科间的交叉、融合的推动作用下，能满足学生自主性、个性化发展的需要。一方面，日益增强的对跨学科知识的社会需求，促进了大学积极开展跨学科的教学与研究。学科之间的边缘和交叉地带，促进了彼此学科的丰富和创新，往往是产生新知识的领域。与传统单一学科教育体制下的人才培养不同，经过学科交叉、融合模式培养的是有竞争力的创新人才，这也是地方大学选择市场差异化竞争的方法，避开同层次、同质化的竞争，主动适应社会对应用型、创新型人才需求的策略。另一方面，大学应当尽力为学生提供发展能力、特长及主动性和创造性的平台，将课程学习与各类科技文化活动、学科竞赛等第二课堂建立在促进个性发展和潜能的基础上，激发他们自主学习和探究的愿望和潜能，尤其是要健全课外创新实践活动体系，使其成为培养学以致用的创新型人才的重要渠道。

五是营造良好的校园环境和文化氛围。现代教育观强调把学习自主权交给学生，构建良好的更具支持性的校园环境与文化氛围，这对于健全学生的人格具有"润物细无声"的潜在作用。地方大学的物质资源条件相对不足，但应当通过改善图书馆、教室、实验室、网络等硬件环境，打造学习校园，为学生充分、自由地享用学习条件和学习环境创造条件，使他们体验学习的意义和乐趣，增强学习的意愿和动力；同时，还应当营造出积极的支持和鼓励学生学习的校园氛围，如管理制度应当为学生在学习生活、职业规划等各方面提供政策支持，为学生参与各种互动性学术与社会实践提供帮助。师生之间积极的互动交流，都将对学生的学习动力、学习兴趣和意义感带来直接或间接的影响，提升学生自主学习的能力，增加学习的收获与满意度。

文化素质教育在大学生健全人格、提升能力和素养方面发挥的重要作用，如春风化雨，潜移默化地影响着学生成长成才的全过程，希望通过以上措施建议，促进地方大学深化素质教育改革，进一步完善素质教育体系，引导和帮助大学生达成学业进步、人格成长和综合素质全面发展的目标。

三、当下的中国需要创新创业教育

创新创业教育是一种注重人的能力和素养全面发展的教育，这正是当下中国所需要的教育，下面阐述几点理由。

发展创新创业教育也是我国全面复兴的需要，如何不断深化改革开放，使全社会共享改革开放的成果，推动经济转型和社会转型，使精神文明和物质文明同步、平衡发展，进一步构建"以人为本""可持续发展"的"生态文明"社会，完成中华民族伟大复兴的伟大使命，成为中国未来必须要面对的挑战。这些，都离不开创新创业教育的大力推行。

发展创新创业教育，一方面是国际上普遍认可的教育理念，已经为台湾、香港和澳门高等教育界普遍接受，中国内地的高校也开始探索试行。另一方面，创新创业教育也与中国传统教育理念相符合，是教育界可能取得最大共识的育人理念，为中国传统文化的复兴提供了一大契机。所以，发展创新创业教育将会有利于中国传统文化的复兴，为促进祖国统一大业做出贡献。

四、发展中国特色的创新创业教育

在中国推行创新创业教育，必须要既能考虑到中国悠久的文化传统，又能照顾到中国的现实国情。中国特色的创新创业教育必然要包括对中国优秀传统文化的传承和发扬，先秦的诸子百家，宋明的理学，历朝历代的文学、历史、哲学和艺术，都应该成为有中国特色的创新创业教育的一部分。中国传统教育一向重视践履功夫，强调体认、体知和实践，提倡主客相融、内外兼修、知行合一的体验式学习。这个特点应该得到发扬光大，成为有中国特色的创新创业教育的一部分。还有，中国传统文化中"为天地立心、为生民立命、为往圣继绝学，为万世开太平"的理想，以及养成仁爱博大、与天地万物为一体的完整人格的理念，应成为有中国特色的创新创业教育的指导思想。

此外，中国特色的创新创业教育还要兼顾中国的现实国情，更加有的放矢，这包括中国独生子女一代的性格特点、应试教育的困境以及现实的社会大环境的影响等等。中国特色的创新创业教育应能采众家之长，既包括马克思主义对公平的诉求和对弱者的同情，也包括自由主义对民主、自由和宪政的向往，还

包括文化保守主义对道德和秩序的追求。

21世纪的中国需要创新创业教育。在今天的中国推行创新创业教育，首先，要回应全球化时代的要求，培养具全球视野的国际化人才，因此必然是一种和国际接轨的创新创业教育。其次，还要针对时代危机的挑战，现时代的最大危机是工具理性背弃价值理性而片面发展，带来知识的过度专业化、碎片化、人的物化和工具化，以及人与自然、人与人和人与自我诸关系失衡的文化危机。因此，现时代的创新创业教育的根本是一种关于如何做人，如何培养身心和谐、全面发展的人的创新创业教育。另外，国际化人才要有根，要立足本土化文化的根基，因此必然是一种体现中国文化传统的创新创业教育。最后，还要针对现今学生的特点因材施教，要针对中国社会的现实有的放矢，因此，必然是一种考虑中国现实国情的创新创业教育。这样的创新创业教育，才称得上是面向21世纪的、中国特色的创新创业教育。

第四节 加强大学生艰苦创业精神的教育

一、培养艰苦创业精神是实现中国梦的重要思想保证

青年是国家的未来和希望，是21世纪国家建设的主力军。他们肩负着承前启后、继往开来，把祖国建设成为富强民主文明的社会主义现代化强国的历史重任。"他们的思想道德和科学文化素质如何，直接关系到21世纪中国的面貌，关系到我国社会主义现代化建设战略目标能否实现。"我国的改革已到攻坚的关键时刻，还有不少难关等待我们去克服。

加强对青年艰苦创业精神的教育是社会主义精神文明建设的内在要求。社会主义精神文明建设的目的是培养有理想、有道德、有文化、有纪律的社会主义新人，要提高全民族的素质，保持和发扬艰苦奋斗的精神是主要内容之一。艰苦奋斗是成就事业的强大精神动力，而挥霍浪费、贪图安乐则是导致事业停滞、民族及政权衰亡、个人堕落的精神鸦片，必须坚决抵制。

目前，从青年大学生总的状况来看，他们具备许多优点：他们比父辈有更

多的文化知识，精力充沛，有理智，接受新生事物快。在市场经济大潮的影响下，他们思想活跃，很少保守，有较强的竞争意识和进取精神。相比之下，他们之中也存在一些不足，如缺少艰苦生活的锻炼，对复杂社会缺乏必要的亲身体验和心理准备，对老一辈艰苦创业的优秀传统体会不深。有些青年大学生认为现在生活条件好了，不必再提艰苦创业了。

二、正确理解艰苦创业精神的深刻内涵

艰苦创业精神不仅表现为日常生活中艰苦朴素、勤俭节约，更重要的是指为实现伟大目标而勇于克服困难、勇于拼搏的顽强精神和行为，最深层次是指为了民族、国家、人民献身的一种责任，一种奉献精神。它是远大理想和顽强意志有机统一的一种精神，是科学的人生观、价值观和积极向上人生态度的具体体现，是社会主义建设强大的精神动力。对于青年大学生来说，表现为生活上的艰苦朴素和学习上的刻苦钻研、顽强拼搏。

艰苦创业的实质，是对社会的责任。这是对祖国的献身精神，也是艰苦创业本身的价值体现。每个生活在社会中的人，总有相应的责任与权利，一个对社会有用的人，首先应该想到的是责任，是应尽的义务，这样社会才会进步。因此，一个有辉煌人生的人，必定是保持艰苦创业作风的人。人总是要有一点精神的。

我们伟大的社会主义现代化创业实践，需要伟大的创业精神来支持和鼓舞。这种精神是我们国家和民族走向更兴旺、更强盛、更加光明的未来的根本动力，是其他力量所不能替代的。在新时期、新形势面前，我们只有保持和发扬艰苦创业的优良传统，才能建设有中国特色的社会主义的伟大事业。

艰苦创业的关键是创业。艰苦创业包涵了艰苦和创业两个不可分割的部分。艰苦是创业的手段。当今世界的竞争，从某种意义上说，是人才的竞争，而人才的竞争，关键是创造能力的竞争。忽视创造能力的培养，是以前我们大学教育的弱点之一。我们要赶超世界先进水平，不仅要保持我们的优秀传统，学习先进的科技和管理，还要有创新意识，要让先进的科技和管理结合中国的实际，产生新的设想、新的技术发明。没有创业，只想守业，是不可能守住业的，最

终将被历史淘汰。历史已注定处在创业阶段的这几代人，为了民族的复兴，为了祖国的强盛，必须付出更多的艰辛、享受更少的安乐。

三、对青年大学生进行艰苦创业教育的有效途径

一是自觉学习，树立"三观"，抵制不良影响。只有从根本上解决世界观、人生观问题，牢固树立群众观点，才能使党的艰苦奋斗的好传统在自己的思想作风上真正扎根。如果平时不注意学习，思想懒惰，就会分不清哪些东西是好的，哪些东西是坏的，哪些应该抵制，哪些应该倡导，脑子里没有正确的是非观念就会迷失方向。我们要看到发展社会主义市场经济，对于发展生产力、促进社会进步、加强社会主义物质文明建设具有重大的意义。但市场经济存在着难以完全避免的自发性、盲目性及追逐个人利益、本位利益的倾向，对社会、思想道德建设产生负面影响，以至某些人产生极端个人主义、拜金主义、享乐主义思想。艰苦奋斗和创业精神正是我们清除自身消极因素，抵制腐朽的极端个人主义、拜金主义、享乐主义的清洁剂和防腐剂。我们只有继承和发扬艰苦创业的优良传统，在改造客观世界的同时，改造我们的主观世界，才能自觉抵制腐朽思想的侵袭，永远立于不败之地。

二是要正确认识基本国情。认识社会主义初级阶段的长期性、艰巨性。我们是社会主义国家，社会主义本质决定了我们国家的发展要靠自己的努力，进行艰苦创业，靠我们辛勤的劳动。我们需要发扬艰苦奋斗的革命精神。因此，我们要充分认识建设中国特色社会主义的长期性、艰苦性，牢固树立艰苦奋斗、自强不息的思想。

三是积极参加社会实践，增强建设祖国、振兴中华的责任感。随着改革开放的深入发展，全国人民的物质和文化生活水平都有了很大的提高，但是一切有志有识的青年大学生，一定要严格要求自己，我们有责任和义务建设祖国，振兴中华，先天下之忧而忧，后天下之乐而乐。一个青年大学生，除了认真学习科学文化知识，顽强拼搏，以准备建设社会的本领之外，还要以先进典型为榜样，对照自己，找出差距，制订措施，投入到社会实践中去。像利用寒暑假到基层去，到农村去；了解社会，认识社会，服务社会。当然，家庭、学校、

社会也要从各方面关心他们，创造良好的环境氛围。

四、加强学生思想品德教育是创新创业教育与实践发展的重要保障

高等院校肩负着为社会主义现代化建设培养人才的历史重任，而"人才"的含义首先是"人"，其次是"才"。德育是塑造人、培养人的一项工作，它承担着培养青年一代坚定的革命意志、牢固的共产主义信念、为祖国的繁荣富强而奋斗的明确方向和内在动力的任务。所以，把德育放在高等院校教育工作的首位已被教育工作者普遍接受。德育工作的效果必须通过受教育者思想品德的发展变化情况来体现，因此，德育工作必须针对学生思想品德实际情况有的放矢地进行，这是德育工作的落脚点。为此，我们就有必要研究学生思想品德究竟是由哪些要素构成的，各个要素在整个结构中所占地位及作用如何。可以说这些问题的解决，不仅对教育理论具有促进作用，而且对于德育工作者如何应用理论更好地指导实践，从而提高德育工作的实效具有现实推动作用。

思想品德本身是一个极其复杂的概念，是思想和品德两个概念的复合，它是指对人对社会要求的理论性认识以及在按个体所认识到的社会要求行动时所表现出来的稳固特征。也就是说，思想是个体已经习惯化的或比较稳定的内在观念，而品德则是同样条件下的外在行为。所以，思想品德是社会多方面要求在人的思想意识和行为上的综合表现，它反映了个体的人生观、世界观、政治立场和态度、道德观念和行为的诸多方面，表现了个体社会化的性质和方向以及个体在观念、态度、言行上对一定社会性质肯定或否定的意向，不仅反映个体的精神面貌，而且具有重要的社会意义。所以，我们在探讨思想品德构成时，一方面要考虑到社会对个体的要求是多方面的，而且由于社会根本性质的不同，社会对个体思想品德的影响必然使其形成复杂多样的内容，没有固定模式；另一方面，也不能忽视个体本身各种心理素质相互作用的影响，因为社会多方面的要求只有通过个体化心理要素的内化才能得以体现，失去了各种心理要素的作用和它们之间的有机结合这一中间媒介，社会要求也不可能转化为个体的思想品德。

从以上分析可以看到，由于个体思想品德是内在观念与外在行为的总称，我们完全可以将其构成要素定为具有不同内容的三个方面。

（一）思想品德的内容要素

思想品德的内容要素由人的世界观、政治观、法制观、人生观、伦理观等构成。其中前三种属于思想意识，后两种属于道德意识。各个构成部分的形成有先后之分，而在发展过程中又是相互联系、相互影响的。从层次形成的先后顺序看，个体的道德意识无疑先于政治思想意识形成，而先形成的道德意识对后来的道德意识及政治思想意识的形成具有显著的吸收和排斥作用；同时，政治思想意识的逐步形成又制约着道德意识的变化和定型。

1. 思想品德的心理要素

思想品德的心理要素由思想品德认知要素、情感要素及动机、意志几个部分构成。首先，认知要素是人们对社会思想准则、行为规范等观念体系的认识以及在此基础上形成的是非、善恶、美丑观念和对它们的评价。它包括道德感知、道德思维（道德认识和理解）、道德观念、信念、理想、道德判断（即思想道德评价）等。认知要素本身不仅包括认识能力，同时它构成了思想品德的定向系统，因为个体具有不同的思想品德认知要素，所以它对调节个体行为以及个体与整体之间的矛盾具有不同的作用，从而形成千差万别的个体道德意识。社会成员个体的道德意识反映了一定社会、阶级和民族的一般道德时，又表现为该集体或社会集团的某种整体意识，形成普遍的道德意识。所以说，思想认知要素中的道德感知、判断、观念、理想等对个体思想品德形成的定向作用是具有重要意义的。其次，思想品德中的情感、意志、动机则构成了思想品德的动力系统。道德情感是人们在思想品德实践中评价自己或他人行为时，对一定的思想准则、道德规范所产生的内心体验，积极的情感体验驱动人去实现某种行为，反之则起阻碍作用；道德意志指人的内部思想品德向外部稳定行为的有力保证；道德动机是指由道德认识与情感而产生的道德行为的原动力。之所以将这三者划为动力系统，是因为：道德情感影响着道德认识的形成与发展，并与道德认识结合，构成道德行为的动机，推动道德行为的产生，调节道德行为的过程，

并通过道德意志支配与影响形成道德习惯，而道德习惯一经形成，反过来又与三者结合，从而形成道德行为的动力。

在思想品德的心理要素中，还有一个自我意识和自我控制所形成的反馈调节系统。自我意识是人对自己的身体、思想、行为的活动状况的意识，是个体对自己正在发生的全部心理活动的意识；自我控制则是对自己的内在道德观念与外在道德行为从已有的道德经验、观念体系出发，所形成的自我调控。在自我道德调控中，可将人的自我意识与评价看作约束自我行为的"法律"，而将自己视为评判自身道德行为的"法院"。

2. 思想品德的行为要素

思想品德的行为要素是指一定社会中，人在其内在因素，特别是思想意识因素的支配下直接作用于客观对象或环境的具体活动，也就是思想品德表现在外的行为。它包括道德方式、道德习惯、道德评价、道德修养、道德教育等。行为要素由一定的道德意识所支配，总会涉及判断社会道德标准行为和违反这一道德标准的行为。道德行为的形成经历了不同水平，只有持续不断的、稳定的道德行为，才是一个人的道德品质。道德行为的培养、训练和习惯的养成对道德品质的形成具有关键意义，没有道德行为，不仅道德认识与道德情感无法具体表现，而且它们也不能产生和发展。同时，道德行为具有社会性、民族时代性与阶级性的特征，从而决定了不同人们的不同的道德行为。人们一切的内在思想品德认识与心理要素，只有通过其道德行为才能体现，从而对自我、他人和社会产生实际的影响。

以上我们分析了思想品德的构成要素，任何个体的思想品德都是由这三种要素构成的，三者不同的排列组合关系构成了个体多种多样的思想品德结构系统，从中我们可得到三点启示：

第一，思想品德是社会多方面要求在个体身上的内化或凝结，不同的社会要求必然使人的思想品德产生不同的内容，即人的思想品德不是没有内容的空壳，不是纯粹的心理现象。

第二，思想品德是多方面社会要求在个体自身各种心理要素的相互作用下形成和表现出来的，没有各种心理要素的作用和它们之间的有机结合，多方面

的社会要求也不可能转化为个体的思想品德。

第三，各要素间是相互联系、影响、制约、渗透的和谐统一关系。因此，在实施德育过程中，应同时从三要素的培养训练入手，但也要根据教育对象思想心理发展不平衡及各项教育内容特点与要求的不同和教育环境与时机的差异，因人、因事、因条件制宜，而不应机械盲目。

尽管目前教育界对于思想品德构成要素问题还有争议，但它的研究意义却非常重要，特别是当前我们面临的一个重要问题就是如何提高德育实效，即如何按照新时期德育工作的客观规律，建立适合学校特点、循序渐进的德育体系。只有解决了思想品德构成要素这一基本问题，才会更好地从理论出发，针对实际问题做出正确合理的分析，从而对学生进行有效的、有步骤的思想品德培养，更好地完成新时期的德育任务，造就全面和谐发展的高素质人才。

（二）大学生心理素质的现状与思考

大学生是祖国社会主义现代化建设的主力军，是社会主义事业的接班人。大学生是否具有健康的心理素质，直接关系到党和国家未来的命运。如何认识和加强大学生的心理素质教育，已经成为面向21世纪高等教育的一项刻不容缓的任务。

大学生心理素质低的主要表现：

一是适应环境的能力低。大学生在走进大学之初，大都自恃是胜利者，有优越感，但随着大学生活的开始，这种盲目的自满情绪很快被陌生感、孤独感所代替，表现出诸多不适应心理。同样，这些大学生如果不能尽快地调整自我，适应环境，等毕业以后走上社会，将会出现更明显的不适应。能否很快适应变化的环境，很大程度上取决于个体的心理素质和心理健康水平。心理素质高的人，随着环境的变化，能迅速调整自我，在新的环境中重新对自我进行定位，产生新的归属感和稳定感，并能排除各方面的干扰，投入到新的学习工作中去；相反，心理素质不高的人，当环境发生变化，而心理调整不到位，旧的平衡被打破，新的平衡又不能建立，就会在心理上产生失落、失望乃至不安等感受。根据本次高校大学生创新创业教育问卷调查，其结果表明：一年级大学生中，有50%左右的人不同程度地存在学习不适应、生活不适应问题，这种不适应有的持续

一年以上。毕业生普遍地对择业就业形式不适应，50%以上的毕业生走上社会工作岗位会出现"水土不服"现象。

二是过分自信与自卑。大学生大多有过"辉煌"的历史，相较于没有考上大学的人来说，他们都是幸运儿，因此，有相当多的人踌躇满志，胸怀远大理想，对自己的前途充满自信，并逐步形成了只能进不能退、只许成功不许失败的心理定式。在生活中，他们表现得过分自信，以自我为中心，用盛气凌人的方式处理问题，往往容易引起同学们的反感。同时，大学生中也存在着一部分没有自信心，甚至过分自卑的人。其中有一些大学生自卑是由于经济上的困难所致，也有些大学生的自卑心理是由于个性差异所引起。由于性格的不同，有部分大学生胆小、害怕同他人交往，和有才能、有特长、知识面广的同学相比，容易产生自卑心理。

三是感情脆弱，心理承受能力差。当代的大学生很多都是独生子女，从小受到父母的庇护，没有经受逆境和困难的磨炼；再加上传统的教育思想对学生的心理素质培养不够重视，导致部分大学生感情脆弱，承受打击和挫折能力较低。这些大学生在生活中一旦遇到不顺心的事，比如学习不理想、家境贫寒、失恋等等，就会陷入苦闷、忧虑、愤怒之中，并产生强烈的消极情绪，这种脆弱的情感和缺乏耐挫力的意志造成部分大学生出现心理障碍，影响学习，严重的留级退学，甚至个别走上极端。

（三）提高大学生心理素质的建议

首先，学校应该转变观念，重视心理素质教育。长期以来，我国的高等教育只重视专业知识的灌输，相对忽视学生的心理品质、心理健康以及社会适应性等心理素质的培养。一些教育部门乃至学校主管人员受市场经济短期功利思想的负面影响，把时间和精力主要投入到收效明显、容易即时提高学校知名度的应试教育中去，心理健康是成长的前提，没有健康的心理就没有健康的人格，高等教育也只能是一句空话。要提高大学生的心理素质，只有学校转变观念，加大投入，为心理素质教育提供一个宽松的环境。

其次，一方面，开展丰富的文体活动，组织有益的学生社团。大学校园里可以组织一些丰富多彩的文体活动，吸引广大同学参加。这样，既可以丰富大

学生的课余生活，消除空虚感和孤独感；又可以使一些存在自卑心理的同学克服障碍，适应大学生活。另一方面，可以根据大学生的兴趣和特长，组织一些学生社团，如学校成立音乐协会、美术协会、集邮协会、家电维修小组等十几个学生团体。通过这些学生社团所开展的自我教育活动，不仅发展了学生的兴趣，使学生锻炼成才，更重要的是，大学生可以以一种更健康的心理投入到学习生活中去。

再次，加强师生情感交流，加大班主任工作力度。长期以来，我们错误地认为：大学生已经长大成人，可以独立了，不需要我们太多的关注，从而忽视了师生之间的情感交流。然而事实上，处于成长期的大学生，更需要外界的理解和认同，更需要师长的评价和指引。当大学生出现思想困惑时，如果有一位知心的教师能够加以正确的引导，大学生心灵的成长就会健康有序、不断升华。在师生情感交流的过程中，班主任工作无疑是最重要的。班主任是学生思想政治教育和学生行政管理工作第一线的组织者，是学生在校期间德、智、体全面发展的导师。作为班主任，最能及时了解学生的心理变化、心理需求和心理问题，一旦班主任能自觉地运用心理辅导的理论和技巧去开启学生的心灵，就能在最大范围内帮助学生认识自我、摆脱困境、完善自我。

最后，成立心理咨询机构，帮助学生克服心理障碍。大学生出现心理障碍之后，如果不能得到及时的调整和引导，就会严重影响成长和成才。心理咨询对于纠正大学生不良的心理和行为、调节情绪、发展完善人格、促进心理健康发展起到了其他形式的教育不可替代的作用。高校要重视学生的心理咨询，条件许可的可设专门的机构，抽调专人从事这项工作，或由从事学生思想政治工作的老师兼职。心理咨询可以由老师引导学生合理地发泄不良情绪，启发学生分析引起心理障碍的原因，从而找到解决问题的对策。

当前的高等教育，已经从应试教育转向素质教育。增强学生的心理素质，从而推动大学生全面素质的提高，是我们全社会的责任。当代的大学生，不仅应该具有丰富的专业知识，更应该具有健康的心理素质。只有这样，才能承担起社会主义建设的重任。

人们对用教育来改变社会一向有着极大的信心，教育以及从事教育的主

体——教师，都被视为社会发展的主要因素。当然，社会发展意味着一个过程，一个相当复杂的历史进程，而与之相应的教育也就成为一个动态的历史过程。考察未来社会的教育是这个动态历史过程的一个十分重要的内容。如果对未来社会没有一个中肯而切实的把握，就会影响整个社会的发展。"未来"在本文中不是那种遥远的概念，它指对2020年后我国教育的一般性分析和预测。对于预测分析而言，它不是割裂历史过程的孤立而静止的抽象做法，而是在新生历史过程的基础上所进行的客观分析。

第五节 提升教师队伍的素质

在21世纪，高等学校的教育面临着许多新的挑战，这就要求高校教师要站在时代的高度自觉地提高自身素质，以高尚的行为准则把握人才素质教育的导向，以培养出更多的、适应社会主义现代化建设需要的具有综合素质的高级人才。那么，高校教师队伍应具备怎样的基本素质，怎样去构建适应未来世纪要求的新一代教师队伍，是一个急需解决的问题。

教育的主体是教师，在"梦想教育""进步教育""激进教育"乃至"核心教育"中，他们所走过的历程使他们完全可以靠丰富的经验而成为知名教育家，但是，面对未来社会的"科学教育"，教师要经历一次严峻的考验，必须有如下素质才能保证自己不会在下一个世纪成为落伍的"教书先生"。

首先，教师应该是社会的心理学家。他们时刻要保持着与时代的共振，用清醒的头脑去分析社会的微妙变化，从而成为最大信息量的拥有者。这样，他的学生不会存有有关社会与时代的困惑，会随时调整自己的心理状态，迎接社会的挑战。

其次，未来社会的教师应该是审美教育家。我们并不敢保证未来社会肯定是一个纯化的社会。一个晶莹的玻璃球在阳光下也会拖着一条阴影，而庸人教育就只会指出玻璃球的晶莹而忽略了它的阴影。一个完整而科学的教育除去解释"晶莹"之外，还会解释阴影的存在。所以，教师必须帮助学生认识明与暗、美与丑、真与假。

一、高校教师应具备的基本素质

对高校来讲，人才培养也好，文化建设也好，关键是靠一批高素质的高校师资队伍。因此着力提高教师队伍的素质，全面优化教师素质结构，是当前高校师资队伍建设的主题。21世纪世界经济、科技的突飞猛进和我国社会主义市场经济的历史任务，决定了高校教师的基本素质主要包括以下几个方面。

（一）良好的政治思想素质

在人才培养中，教师起着决定性作用，教师的政治思想素质对学生的世界观、人生观、价值观的形成具有重要的导向作用，直接影响到学生的健康成长和不断发展。同时，高校教师又是科学技术和社会文化的最重要的"载体"，他们的思想品质和职业素养、为人师表直接关系到社会主义精神文明建设和社会民族的稳定安康，因此，高校教师的政治思想素质，无论对学生还是对社会，都具有特殊的、重要的意义。

（二）渊博的知识技能素质

高等学校的教师要承担起培养跨世纪、高素质的现代化建设人才的任务，所具备的科学文化知识和专业技能水平必须达到一定的深度、广度和高度，即掌握的专业知识要系统、扎实、深入，要有广博的文化，具备较高的教学组织能力、科研能力、外语应用能力、创造思维能力等综合能力的素养。

（三）健康的心理素质和身体素质

21世纪，高度发展的科学技术、日益激烈的市场竞争、逐渐加快的生活节奏，这些都会加重人们的心理负担，紧张人们的精神状态，这就要求高校教师要有健康的心理素质、高尚的精神风貌、良好的情感素质和坚强的意志信念。因为教师对学生的人格塑造、心理调控，对学生学习情绪、情感及认知能力，都起着潜移默化的导向作用。同时，由于职业的性质和特点，还要求高校教师要有健康的身体、强壮的体魄，这是保证教师事业有成的基本条件。

（四）乐于奉献、爱岗敬业的精神，这是培养高素质人才的前提

一名合格的高校教师，只有有了奉献敬业精神，才会热爱学生，才能发现

每个教育对象的长处，从而因材施教，发展他们的个性。另外，高校教师还应具备奋斗拼搏、勤奋谦虚、严谨踏实的学风、教风。

二、提高高校师资队伍素质的方法途径及具体措施

（一）全面提高师资队伍的政治思想素质

高校应始终把提高教师的政治思想素质放在教师队伍建设的第一位，进一步加强思想政治工作，采取多种形式组织教师尤其是青年教师学习政治理论和业务知识，切实做好教师的培训工作，定期举办培训班，加强师德教育，提高教师职业道德水平。特别是做好青年教师的岗前培训工作，引导和帮助他们树立正确的世界观、人生观和师道观，加强对他们的政治思想教育、业务道德和敬业精神的教育，增强他们的事业心和职业责任感，此外还要注重教师的党课学习和发展新党员的工作。

（二）全面提高师资队伍的业务能力素质

高校教师必须具备较强的学科素质。能力水平是高素质人才的基本要求，也是决定一个教师是否胜任人才培养工作的重要依据。时代的发展和新的人才培养模式，要求高校教师要具有广博的知识、灵活多变的知识传授方法和对有关学科知识的掌握能力，所以高校教师应主动拓展自己的知识面，同时积极改革教学方法，充分利用现代化的教学设备和手段实施教学。加强实践，注重能力培养，也是提高师资队伍业务能力素质的一个重要方面。坚持青年教师参加社会实践制度，加强理论和实际的联系，提高他们的实际工作能力；坚持教学实践制度，按照岗位职业要求，使青年教师熟悉教学过程及各个教学环节，掌握教学基本技能，过好教学关；重视和加强教学岗前培训、外语培训，以及现代信息技术和现代化教育技术的应用等方面的培训，提高教师教育教学能力和综合素质。

（三）大力提高教师的学历层次，不断优化队伍结构

随着科学技术的发展和整个教育水平的提高，特别是高科技的发展对高校教师的业务素质和科研能力提出了越来越高的要求。因此，对高校教师的学历

或学位的要求也越来越高，提高教师学历水平迫在眉睫，应当主要从以下几个方面考虑：一是有计划引进高学历的优秀教师进校任教，以改善教师队伍中的学缘结构；二是鼓励现有青年教师通过在职、定向、委培等多种形式取得硕士、博士学位，鼓励青年教师在职申请学位；三是有条件的学校可定期安排青年教师出国深造更新知识体系；等等。总之，要改善教师的职务结构、年龄结构、学历结构、学缘结构和知识结构，使师资队伍不断优化。

（四）引入竞争和激励机制，完善教学考核制度，深化职称和聘任改革

当前，在现行的教师管理体制中存在着许多弊端，影响了高校教师工作积极性的发挥。

为进一步调动教师的工作积极性，一是要建立学衔的专业技术职务，不允许低职高聘，实行真正意义上的评聘分开。二是要建立全面的考评体系，完善教学考核制度。考核工作是深化改革的重要基础工作，按照定量与定性相结合、以定量为主的原则，建立符合学校特点的科学的教师考核评估指标体系。评估体系应量化，易操作、易明确，而且要与教育教学的目标和教师本人的学术水平、职位、工资、待遇紧密结合。三是改革聘任制度，强化激励机制，学校应按照条件公开、平等竞争、双向选择、满工作量、择优上岗的原则，进一步完善教师聘任制。

（五）师资队伍建设与环境的关系

搞好师资队伍建设，切实提高教师队伍的素质，必须营造一个良好的环境，这就要从政治、思想、工作、生活等方面统筹考虑，采取切实可行的措施，把高校建成一个教师愿意来、愿意干，毕业生愿为之奋斗的理想场所，而不是只着眼于福利问题、职称问题等。要营造唤起教师主人翁意识的政治环境，让教师在高校当家作主，把教师当作学校的主人；营造有作为就有地位的工作环境，坚持克服平均、平稳、平衡的观念，让优秀的人才脱颖而出；营造刻苦钻研、严谨治学的学术环境，把教师的注意力吸引到教育事业上来，把高校变成教师做学问的地方；营造相对良好的生活环境，努力提高教师的生活待遇，增加学

校的吸引力，使教师生活安心；营造心和气顺的精神环境，尊重、关心、爱护、理解教师等，使教师心情舒畅地工作。

三、提高师资队伍素质的其他问题

近年来，随着教育改革的深化，高校十分注重师资队伍建设的工作，特别是将教师的综合素质建设培养提到了一定的高度，但在培养教师素质的工作当中仍存在着一些问题：

第一，注重学历的提高，忽视能力的培养。师资队伍建设的宗旨是提高教师的教学能力和教学水平。提高学历是为这个宗旨服务的，但不是实现这个宗旨的唯一途径。培养教师有多种渠道，近年来，那些培养提高教师教学能力的有效措施淡化了。由于忽视能力、素养，出现了高学历的教师在培训时无人肯听，硕士屡次试讲不过关现象。所以说，我们应当在注重提高教师学历的同时，更要注重能力的培养。另外，还要解决住房问题、增加创收、提高奖金、解除后顾之忧、搞好生活福利等。

第二，注意人才引进，忽视人才使用。引进人才是近几年高校的热门话题，有的高校不惜代价，从外引进硕士研究生、博士研究生导师，引进博士、博士后、教授等，这些人才的引进的确使教师层次得到了提高。但问题是忽视了人才的使用，又对原有人才的重视不够，造成有些教师心理失衡，工作积极性大大削弱，而引进的人才都派不上用场，放在研究所等科研部门白白养着，形成了原有人才积极性不高，引进的人才大多无事可做的奇怪现象。

第三，注重人才的培养，忽视营造人才的环境。目前不少学校存在着重"培"轻"养"现象，例如：想方设法提高教师队伍的学术水平和教师的学历、职称，但却忽视营造良好的高层次人才的工作和生活环境，致使教师不能安心工作，造成了"希望留住的留不住，希望走的走不了"的结果。

在提高教师队伍素质这个问题上要统筹考虑，全方位地为提高教师素质创造条件，要用全面的观点分析和解决问题，把提高教师素质的工作落到实处。

参考文献

[1] 邓向荣,刘燕玲. 大学生创新创业[M]. 北京：北京理工大学出版社,2020.

[2] 刘治. 大学生创新创业[M]. 沈阳：东北大学出版社,2020.

[3] 蒋德勤. 大学生创新创业基础[M]. 北京：中国商业出版社,2020.

[4] 李雪萍. 大学生创新创业基础[M]. 成都：电子科技大学出版社,2020.

[5] 闫江涛,赵伟杰. 大学生创新创业基础[M]. 成都：电子科技大学出版社,2020.

[6] 宋要武. 大学生创新创业理论与实践[M]. 哈尔滨：哈尔滨工业大学出版社,2020.

[7] 田爱香,石彩虹. 大学生创新创业理论与实践研究[M]. 北京：研究出版社,2020.

[8] 许文刚. 大学生创新创业训练与实践指导[M]. 北京：北京理工大学出版社,2020.

[9] 单林波. 大学生创新创业思维与方法研究[M]. 北京：中国商务出版社,2020.

[10] 吕爽. 大学生创新创业实务指导[M]. 北京：中国铁道出版社,2020.

[11] 盛义保,付彦林. 大学生创新创业教育基础[M]. 合肥：合肥工业大学出版社,2020.

[12] 杨红卫. 大学生创新创业实践研究[M]. 北京：群众出版社,2020.

[13] 白云莉. 大学生创新创业教育新模式研究[M]. 天津：天津科学技术出版社,2020.

[14] 颜廷丽. "互联网+"背景下大学生创新创业能力培养研究[M]. 北京：北京理工大学出版社，2020.

[15] 石燕捷. 大学生创新创业教育新模式研究[M]. 天津：天津科学技术出版社，2020.

[16] 张俊，刘万韬，齐河宁. 大学生创新创业教程理论案例实训（微课版）[M]. 北京：航空工业出版社，2020.

[17] 马岳，陈亚颦，张兴燕. 大学生创新创业策划案精选2[M]. 昆明：云南大学出版社，2020.

[18] 张景亮. 大学生创新创业管理与人才培养模式研究[M]. 长春：吉林科学技术出版社，2020.

[19] 钟之静. "互联网+"大学生创新创业大赛蓝宝书[M]. 广州：暨南大学出版社，2020.

[20] 王青迪. 大学生创新创业教育与就业指导[M]. 上海：上海三联书店，2019.

[21] 谭新华. 大学生创新创业教育案例分析[M]. 北京：国家行政学院出版社，2019.

[22] 陈建，严行. 大学生创新创业基础与实务[M]. 北京：国家行政学院出版社，2019.

[23] 陈审声. 基于"互联网+"视角下的大学生创新创业教育[M]. 北京：冶金工业出版社，2019.

[24] 丁昶，王栋. 设计思维下的大学生创新创业教程[M]. 武汉：武汉大学出版社，2019.

[25] 刘晓莹，杨诗源. "互联网+"时代艺术类大学生创新创业基础教程[M]. 厦门：厦门大学出版社，2019.

[26] 李新宇. 大学生职业规划与创新创业[M]. 北京：中国书籍出版社，2019.

[27] 范东亚，谭荣. 大学生职业生涯规划与创新创业教育[M]. 重庆：重庆大学出版社，2019.

[28] 刘小庆,曹静,王存芳. 大学生创新创业 [M]. 北京：人民邮电出版社，2019.

[29] 杨晓梅,张蕴启,徐艺,夏昌祥. 大学生创新创业概论 [M]. 北京：冶金工业出版社，2019.

[30] 麻海东. 大学生创新创业基础 [M]. 南昌：江西科学技术出版社，2019.

[31] 陈标新,甘汉莹. 大学生创新创业基础 [M]. 北京：北京出版社，2019.

[32] 唐明生,裴晓敏. 大学生创新创业基础 [M]. 武汉：武汉大学出版社，2019.

[33] 王鑫明. 大学生创新创业基础 [M]. 南京：南京大学出版社，2019.

[34] 景宏磊,谢美红. 大学生创新创业实战 [M]. 上海：同济大学出版社，2019.

[35] 谢学锋,左媚. 大学生创新创业基础教程 [M]. 上海：上海交通大学出版社，2018.

[36] 卢婵江,吴志强,赵立朝,王永刚. 大学生创新创业项目培育教程 [M]. 武汉：华中科技大学出版社，2018.

[37] 苏华. 大学生创新创业探索与实践 [M]. 北京：北京理工大学出版社，2018.

[38] 张雅伦. 大学生创新创业基础教程 [M]. 北京：北京理工大学出版社，2018.

[39] 方家胜,张大利,居来提·买买提明. 大学生创新创业指导教程 [M]. 北京：北京工业大学出版社，2018.

[40] 周晓蓉,蒋侃. 大学生创新创业实训教程 [M]. 武汉：华中科技大学出版社，2018.

[41] 张晓娟,李春琴. 大学生创新创业教育研究 [M]. 北京：兵器工业出版社，2018.

[42] 吴敏，李劲峰．大学生创新创业基础教程［M］．合肥：中国科学技术大学出版社，2018．

[43] 常涛，徐晖．大学生创新创业基础教程［M］．济南：山东人民出版社，2018．